MANEJO DE LA IRA

Guía de 10 pasos para dominar tus emociones y tomar el control de tu vida de nuevo

SIMON GRANT

© **Copyright 2019 de Simon Grant - Todos los derechos reservados.**

Este documento está orientado a proporcionar información exacta y fiable con respecto al tema y la cuestión tratados. La publicación se vende con la idea de que el editor no está obligado a prestar servicios contables, oficialmente permitidos o calificados. Si el asesoramiento es necesario, legal o profesional, se debe ordenar a una persona ejerce da en la profesión.

- De una Declaración de Principios que fue aceptada y aprobada por igual por un Comité de la Asociación Americana de Abogados y un Comité de Editores y Asociaciones.

En modo alguno es legal reproducir, duplicar o transmitir ninguna parte de este documento en medios electrónicos o en formato impreso. La grabación de esta publicación está estrictamente prohibida y no se permite ningún almacenamiento de este documento a menos que con permiso por escrito del editor. Todos los derechos reservados.

La información proporcionada en este documento se declara veraz y consistente, en el sentido de que cualquier responsabilidad, en términos de falta de atención o de otra manera, por cualquier uso o abuso de cualquier política, proceso o dirección contenida en el interior es la responsabilidad solitaria y absoluta del lector de destinatarios. Bajo ninguna circunstancia se tendrá ninguna responsabilidad legal o culpa contra el editor por cualquier reparación, daño o pérdida monetaria debido a la información aquí contenida, ya sea directa o indirectamente.

Los autores respetuosos son propietarios de todos los derechos de autor no en poder del editor.

La información aquí contenida se ofrece únicamente con fines informativos, y es universal como tal. La presentación de la información es sin contrato ni ningún tipo de garantía.

Las marcas comerciales que se utilizan son sin ningún consentimiento, y la publicación de la marca es sin permiso o respaldo por el propietario de la marca. Todas las marcas comerciales y marcas de este libro son sólo para fines clarificadores y son propiedad de los propios propietarios, no están afiliados a este documento.

Tabla de Contenidos

Introducción 1

Capítulo 1: Los fundamentos de la ira 4
IRA FAQ (Preguntas frecuentes) 7
Entender La Ira Como Una Respuesta Emocional Y Fisiológica . 9
El Ciclo De Estrés, Ansiedad E Ira 13
Factores Que Causan Y Trigger Ira 17

Capítulo 2: La Ira Como Una Emoción Positiva 28
Ira Como Una Emoción Negativa 36
¿La ira es buena o mala? 42
Cómo Canalizar La Ira Positiva Y Productivamente 44

Capítulo 3: Tipos de Ira 51
Estilos De Comunicación De Ira 57
Ira Y Agresión: ¿Cuál Es La Diferencia? 64
Ira Como Una Emocione Segunda 66

Capítulo 4: Cultura y Enojo 72
Género Y Ira 76
Ira En Hijos Y Adolescentes 79

Capítulo 5: Manejo de la ira 86
¿Como Crear Su Plan De Manejo De Ira? 96

Capítulo 6: Técnicas para el manejo de la ira: Guía de 10 pasos 100
    Técnicas De Reducción De Estrés Y Ansiedad 116

Capítulo 7: Ejercicios de Manejo de la Ira 120
    Ejercicios de respiración 121
    Relajación muscular progresiva 124
    Imágenes guiadas 127
    Visualización creativa 130
    Meditación mindfulness 132

Capítulo 8: Manejo de la Ira con Inteligencia Emocional 136

Capítulo 9: Terapia Cognitiva Conductual 142
    ¿Qué esperar en la terapia de TCC? 145
    Beneficios de la TCC 146

Conclusión 147

Introducción

Cuando era niña, estaba muy enfadada. Mis padres solían maravillarse con mi ira porque era tan consumista y abrumadora para un niño. Todo el mundo evitó jugar o incluso pelear conmigo; amigos, familiares y otras personas.

Mis padres pensaron al principio que se trataba de un comportamiento normal del niño, que superaría como adulto. Sin embargo, empeoré aún más una vez que me convertí en adolescente. Recuerdo haber roto mi juguete favorito una vez porque mi hermano me castigó por hacer algo que consideré trivial.

Por mucho que expresaba mi ira, no era algo que realmente disfrutaba. No conseguimos encontrar tu ubicación exacta.

Tengo que admitir que la ira me hizo sentir poderoso, especialmente porque la gente aprendió a dejarme en paz. Nadie tocó mis cosas por miedo a que me gritaran. Fue divertido y satisfactorio.

Pero, a medida que crecía, entendí lo sola y vacía que me había hecho la ira. No conseguimos encontrar tu ubicación exacta. No podría trabajar en un solo lugar por mucho tiempo sin que me despidan.

Un día, me di cuenta de que tenía que hacer algo con mi ira. Así que decidí ir a terapia después de leer muchos libros y materiales sobre el manejo de la ira.

Esa sola decisión cambió mi vida y la mejoré porque ahora soy una persona mucho mejor que yo. Mi vida es mejor de lo que solía ser. Ahora tengo amigos que no cambiarían nuestra relación por nada, y mi relación con mis padres es mucho mejor de lo que solía ser. Estoy feliz.

Si puedes relacionarte con mi historia, significa que tienes un problema con el manejo de la ira como solía hacerlo, y estás leyendo esto ahora mismo porque quieres una vida mejor para ti.

En sí misma, la ira no es un problema. Pero, la incapacidad para manejar la ira es un problema importante con el que muchos de nosotros luchamos. Al igual que miles de otras personas, probablemente has intentado todo para hacerse con el control de tus emociones sin éxito.

Bueno, quiero felicitarte si estás leyendo este libro ahora mismo. Este es un libro que cambia la vida que he escrito sobre el manejo eficaz de la ira usando todo el conocimiento que adquirí de la terapia y una extensa investigación con mis propias experiencias personales.

Este libro está cargado de soluciones prácticas y viables que otros libros probablemente no ofrecen. Considera este libro tu tienda integral a todo lo que necesitas saber sobre el manejo de la ira y la ira.

Empiezo el libro hablando extensamente sobre la emoción misma. ¿Qué es la ira? ¿Es negativo o positivo? ¿Cuáles son las cosas que todo el mundo debe saber acerca de la ira? Estas son algunas de las preguntas importantes que respondí en el primer capítulo del libro.

También hablé sobre la causa de la ira y los factores que alimentan la experiencia de la ira y sus respuestas fisiológicas. También expliqué algunos de los mitos más comunes sobre la ira y por qué no deberías creerlos.

En este libro, toqué todos los aspectos importantes del manejo de la ira como el impacto de la cultura y el género en la expresión de la ira, los diferentes ejercicios y técnicas de manejo de la ira, la TCC y la inteligencia emocional.

La parte más importante de este libro es la guía de 10 pasos para el manejo inmediato y eficaz de la ira, que no encontrará en ningún otro libro.

Por supuesto, puedo seguir hablando de lo que debes esperar en "Manejo de la ira", pero sólo te retrasaré de ver la bondad que te espera en el libro por ti mismo.

Este libro promete ser como ningún otro que hayas leído. Entonces, ¿por qué no tomas asiento y te llevamos a comenzar el viaje a una vida desprovista de ira, estrés, ansiedad, infelicidad y turbulencia?

¡Elige una copia para ti y comienza a leer tu camino a la inteligencia emocional y el control!

Capítulo 1

Los fundamentos de la ira

Me gusta pensar en la ira como una emoción subjetiva, a pesar de que es algo que todos experimentamos como seres humanos. La ira puede ser una emoción universal, pero también es subjetiva y única para cada individuo. Lo que te enoja puede no enojar a otra persona. Esto es una cosa acerca de la ira, que muchas personas no entienden.

La forma en que los seres humanos experimentan la ira difiere mucho, con diferentes grados de intensidad, duración y frecuencia. El umbral de ira de cada persona también varía, incluyendo lo cómodos que están con sentimientos de ira. Algunas personas están en un estado constante de ira, mientras que otras raras veces se enojan a menos que sean profundamente provocadas.

La ira como emoción puede variar desde molestias leves hasta ira o ira extremas. Según el diccionario, la ira es "un fuerte sentimiento de disgusto u hostilidad". A partir de esta definición, ya se puede decir que la ira es algo que se experimenta cuando algo no sucede de la manera que le gustaría.

Aunque usted puede considerar la ira una emoción no deseada, en realidad es muy natural. He conocido a tantas personas que piensan que la ira es una emoción abominable, que nunca deben ser atrapados expresando o experimentando. Esto es comprensible, considerando la forma en que la sociedad y el mundo en gran medida se enojan.

Sin embargo, los expertos en ira describen en gran medida esta emoción como una emoción básica y natural que existe para promover y asegurar la supervivencia humana, evolucionando a través de años de desarrollo humano. La ira es una emoción destinada a protegerte del peligro, daño o daño percibidos.

Hay tantas cosas básicas que la gente no entiende acerca de la ira, y esta incapacidad para entender la ira alimenta el concepto erróneo que muchos tienen sobre la ira. Para aprender completamente el manejo de la ira, es importante primero entender la ira como una emoción. Este es un requisito básico para el manejo de la ira porque, como siempre digo, no hay manera de que puedas controlar algo que no entiendes.

En primer lugar, hay que entender que la ira es una emoción básica. Según los psicólogos, las emociones básicas son aquellas emociones que se asocian universalmente y se reconocen con ciertas expresiones faciales.

Aparte de la ira, las otras emociones básicas son el miedo, la alegría, la tristeza, el desprecio y la sorpresa. Una cosa común a todas estas emociones es que tienen expresiones faciales específicas que se reconocen con ellas. Cuando una persona está enojada, generalmente se puede distinguir por su expresión facial.

Otra cosa acerca de la ira y otras emociones básicas es que por lo general vienen con respuestas conductuales específicas. Sin embargo, también pueden desencadenar otras expresiones además de las expresiones faciales universalmente reconocidas, las respuestas fisiológicas y las respuestas conductuales.

La ira también es una emoción en gran medida mal entendida, que a menudo se confunde con la agresión. Si bien puedes pensar que la ira es una emoción poco saludable, es, de hecho, saludable y muy diferente de la agresión o la violencia. La ira se vuelve agresiva o violenta, dependiendo de cómo reacciones a ella.

Voy a hablar más sobre esto a medida que avanzamos en el libro, pero una diferencia a tener en cuenta acerca de la ira y la agresión es que la agresión generalmente viene con la intención de dañar a alguien o algo mientras que la ira es una emoción que experimentas cuando se trata mal.

Contrariamente a lo que se puede pensar, como muchas otras personas, la ira no es una emoción inherentemente mala o negativa. La creencia de que la ira es una mala emoción es un concepto erróneo general que la mayoría de la gente tiene sobre la ira. Sin embargo, la ira es una emoción normal; es valioso y crucial para la supervivencia humana.

También puede expresar ira de diferentes maneras, dependiendo de su elección y reacción a la ira. Una de las muchas razones por las que la mayoría de la gente confunde la agresión y la ira es porque creen que la ira sólo puede expresarse agresiva o violentamente. Sin embargo, puede expresar ira de una variedad de maneras saludables y no agresivas.

IRA FAQ (Preguntas frecuentes)

En la búsqueda de entender la ira, hay ciertas preguntas frecuentes que la gente plantea a los expertos en ira. Conocer las respuestas a estas preguntas le da una visión más abierta hacia el manejo de la ira y la ira. Hablaré de estas preguntas y proporcionaré respuestas adecuadas para ayudar a que entiendas más esta emoción y el gran concepto erróneo al respecto.

¿Por qué me enfado?

Esta es una de las preguntas más comunes sobre la ira. Sí, ¿por qué te enojas? Naturalmente, experimentas ira cuando percibes una situación incorrecta o injusta. Las personas se enojan cuando sienten que han sido tratadas injustamente, o una situación es injusta para ellos.

De hecho, estar en una situación desagradable agrava aún más la ira porque cuanto más piensas en toda la injusticia de la situación, más enojado te hace.

¿Cuándo me enfado?

Varios factores afectan qué situación desencadena la ira de un individuo, pero una cosa, que sobre todo determina cuándo te enojas, es tu interpretación de una situación que induce la ira. La interpretación que das a una situación también determina la intensidad y duración de tu ira.

¿Es problemática la ira?

La ira puede ser problemática o no, dependiendo de su interpretación de una situación y la reacción que provoca. No toda la ira es problemática. Hay tipos de ira que están genuinamente dirigidos a resolver un problema o a enderece un error.

La ira, de hecho, sirve una fuerza motivadora para enfrentar la injusticia. La ira no es problemática porque es una emoción natural destinada a alertarte del peligro y motivarte a responder. Lo único que determina si la ira se vuelve problemática o no es la respuesta que le das a la emoción.

¿La ira es mala?

Hablaré más sobre la percepción de la "maldad" de la ira, pero en sí misma, la ira no es una mala emoción. Incluso se puede decir que no hay nada como una emoción mala o buena. Las emociones son respuestas corporales naturales; no pueden ser malos o buenos en sí mismos.

Cuando experimentas ira, es porque estás destinado a experimentarla, no porque seas una mala persona, o la ira es un mal sentimiento.

¿Cómo puedo saber si tengo un problema de ira?

Como una emoción universalmente experimentada, todos se sienten enojados de vez en cuando. Las personas generalmente experimentan ira sin consecuencias graves o dañinas. La mejor manera de juzgar si tienes un problema de ira es evaluar la gravedad de las consecuencias de tu ira.

Por ejemplo, si siempre terminas rompiendo una propiedad o agrediendo físicamente a alguien cuando estás enojado, entonces significa que tienes un problema de ira que manejar.

Aparte de las preguntas anteriores, hay otras preguntas frecuentes sobre la ira, y a medida que continúe leyendo, encontrará sus respuestas a todas las preguntas que tiene sobre el manejo de la ira y la ira.

Entender La Ira Como Una Respuesta Emocional Y Fisiológica

Como todas las emociones primarias, la ira se experimenta en el cuerpo y la mente. Cuando la ira se experimenta en mente, es un estado emocional. Cuando se experimenta en el cuerpo, es un estado fisiológico.

La ira siempre se experimenta como un estado emocional y fisiológico. Pero, en su forma leve, la ira suele ser más una respuesta emocional que una respuesta fisiológica. Cuando usted experimenta irritación leve de alguien que accidentalmente derrama agua sobre usted, puede no desencadenar la serie de eventos fisiológicos asociados con la ira porque está en mente.

La serie de respuestas fisiológicas y corporales que ocurren cuando estás enojado suele ocurrir cuando la ira es más intensa de lo normal.

Las emociones comienzan en la parte del cerebro conocida como la Amígdala. La amígdala tiene la responsabilidad de identificar posibles amenazas a las que le avisa para que pueda tomar medidas inmediatas para protegerse de la amenaza o peligro percibido.

Su amígdala es tan eficiente en su trabajo que inmediatamente le impulsa a reaccionar incluso antes de su corteza, es decir, la parte de su cerebro responsable del pensamiento y el juicio es capaz de evaluar la situación e iniciar una reacción razonable. La cosa es que, cuando tu amígdala activa la respuesta de "lucha o vuelo", anula todas las demás reacciones o respuestas en tu cuerpo.

En otras palabras, tu cerebro está programado de una manera que te empuja a reaccionar a una situación antes incluso de considerar la idoneidad de tu acción. Esta es la razón por la que los expertos a menudo sugieren que la clave para el manejo de la ira es aprender a controlar los impulsos.

Como respuesta emocional, la ira a menudo no es identificable. Sin embargo, en el estado fisiológico, la ira es a menudo muy notable, con poco o ningún control sobre las respuestas. Incluso cuando eres bastante bueno controlando tu exhibición de ira, es casi imposible (si no completamente imposible) para que controles las respuestas fisiológicas que ocurren cuando estás enojado.

Durante muchos años, los expertos han estudiado la fisiología de la ira con el fin de entender la ira completamente. En general, llegaron a la conclusión de que la persona que se ve más afectada por la ira es siempre la persona que experimenta esa ira.

Esto significa que cuando te enojas, y fuera de control, estás causando más daño a ti mismo que el objeto de tu ira.

A medida que empiezas a sentir ira, sientes que los músculos de tu cuerpo comienzan a tensarse. Durante este período, hay algo que está pasando en tu cerebro. Algunos neurotransmisores químicos conocidos como catecolamina se están liberando en su cuerpo, lo que resulta en una explosión de energía, que puede durar varios minutos antes de que desaparezca.

Ese estallido de energía que experimentas en ese momento es lo que alimenta el impulso común de ira que te empuja a tomar acciones inmediatas orientadas a protegerte. Al mismo tiempo, sientes que tu frecuencia cardíaca aumenta, tu presión arterial se acelera y tu respiración se acelera al ritmo.

También puedes sentir el enrojecimiento de la cara a medida que el aumento del flujo sanguíneo se mueve hacia las extremidades, preparándote para una posible acción física. Tu atención se centra completamente en el objetivo de tu ira, y no puedes rendir le a nada más.

Con efecto inmediato en ese mismo momento, el cerebro libera más neurotransmisores y hormonas (adrenalina, noradrenalina, etc.).

Esto desencadena un estado de excitación, lo que significa que tu cuerpo ahora está preparado para luchar.

La liberación de la adrenalina y la noradrenalina, junto con el hecho de que actuaste antes de permitir que tu corteza pensara, es lo que hace que tu ira esté fuera de control. Pero, con la corteza prefrontal, puedes aprender a mantener tus emociones bajo control.

Así como la amígdala está a cargo de las emociones, la corteza prefrontal también está a cargo del juicio. La corteza prefrontal izquierda ayuda a racionalizar las reacciones emocionales apagando tus emociones cuando se vuelven demasiado intensas.

Por lo tanto, para obtener el control sobre tu ira, tienes que aprender a dar la superioridad de la corteza prefrontal sobre la amígdala para que puedas dejar de reaccionar antes de pensar cuidadosamente en una situación.

Así como hay una fase de reacción fisiológica para tu ira, también experimentas una fase de adelanto cuando la situación disminuye, o el objetivo de tu ira ya no está en tu entorno. Sin embargo, por lo general es difícil que el estado fisiológico de la ira disminuya incluso después de que el objetivo ya no esté a la vista.

El estado de excitación inducido por la liberación de adrenalina cuando estás enojado dura horas y a veces a diario, dependiendo de la intensidad de la situación, que desencadenó la ira. Como era de esperar, esto reduce tu umbral de ira, lo que facilita que te enojes posteriormente.

Durante el período en el que tienes tu fase de liquidación, es más probable que te enojes en respuesta a irritaciones triviales y problemas leves que por lo general no te molestarían tanto. Este estado continuo de excitación también te deja en un estado que hace imposible recordar claramente los detalles del evento que te hizo enojar.

Sobre la base de la investigación, la excitación se ha confirmado que es muy crucial para la memoria y la memoria; lo necesitas para un recuerdo eficiente. Pero, excitación mejora la memoria y el rendimiento sólo cuando está en un nivel moderado.

Cuando la excitación supera el nivel óptimo requerido para la concentración, la memoria y el rendimiento, hace que su cerebro no pueda formar nuevos recuerdos. La ira es una de las emociones que normalmente induce altos niveles de excitación, que podrían ir más allá del nivel adecuado. Esto afecta tu concentración y reduce tu capacidad de recordar los detalles de tus explosiones enojadas correctamente.

El Ciclo De Estrés, Ansiedad E Ira

Hay una relación entre el estrés, la ansiedad y la ira, de la que es posible que no sea consciente. A veces, la causa de la ira de una persona no es más que estrés o ansiedad. Si estás familiarizado con la psicología positiva, es posible que hayas aprendido que el estrés a menudo conduce a la ansiedad y viceversa.

El estrés y la ansiedad también conducen a la ira, en muchos casos. Curiosamente, la ira también se ha relacionado con la ansiedad y el estrés en algunas personas. Esto señala por qué llamo a este capítulo "El ciclo". Probablemente no hay nada mejor para describir la relación entre los tres.

La ansiedad y el estrés juegan un papel importante en la ira, y también son dos de los desencadenantes de la ira más comunes. Un individuo que está en un estado perpetuamente estresante o ansioso si es más propenso a la ira que las personas que no lo están.

Una de las muchas razones por las que hay mucha negatividad volando en el mundo hoy en día es porque hay muchos factores de estrés ahora que en el pasado. La tecnología y las redes sociales, tan innovadoras como son, son factores de estrés importantes para muchas personas desprevenidas.

La ira, la ansiedad y el estrés son todos los estados emocionales que se activan cuando el cerebro sospecha una situación posiblemente dañina y activa la respuesta de "lucha o huida", por lo que esta puede ser la razón por la que los tres están tan estrechamente relacionados.

Todos experimentamos estrés y ansiedad porque son emociones humanas naturales. Sin embargo, hay una diferencia entre el estrés y la ansiedad. El estrés es la respuesta del cuerpo a una amenaza percibida en el medio ambiente. Por ejemplo, es posible que te estreses porque estás trabajando duro y no estás durmiendo lo suficiente.

En una situación como esta, su cuerpo desencadenó el estrés porque hay una amenaza percibida para el cuerpo, debido a que no duerme como debe. Por otro lado, la ansiedad se considera como una respuesta al estrés. Por lo tanto, la ansiedad se desencadena cuando la respuesta de estrés está en la activación.

Digamos que tienes un examen en camino, y has estado trabajando muy duro, manteniéndote hasta tarde sólo para leer. En otras palabras, usted está sacrificando su sueño para pasar su examen. Naturalmente, la fatiga se establecerá ya que no estás durmiendo lo suficiente, y tu cuerpo está en un estado de estrés.

¿Cómo entraría la ansiedad? Usted puede preocuparse por su examen y comenzar a tener dudas sobre su capacidad para pasar el examen debido al estrés que está sintiendo. Puede que no lo sepas, pero el estado estresado en el que te encuentras es lo que invita a dudas sobre la posibilidad de que pases el examen.

En un estado como este, es bastante fácil desencadenar la ira ya que ya dijimos que tanto el estrés como la ansiedad conducen a la ira. Cuando usted está estresado y se siente ansioso por su próximo examen, puede comenzar a irritarse, molestarse o enojarse completamente con cada ligera irritación que se le ocurra. Puede gritarle a su hermano por entrar en su habitación mientras está leyendo.

En el ejemplo anterior, has permitido que tus sentimientos de estrés y ansiedad trascienda en un estado de ira.

Algo que la mayoría de la gente tampoco sabe es que hay momentos en los que no estás realmente enojado, pero estás actuando enojado. Esto es cuando la ira se convierte en una emoción secundaria, como dicen los expertos. A veces, no es la ira lo que realmente estás sintiendo, pero estás enmascarando la emoción real, que podría ser ansiedad con ira.

La ansiedad a menudo se asocia con el miedo, la preocupación o la duda. Pero, los expertos han dicho que también es común que la ansiedad vaya acompañada de sentimientos de ira, generalmente sutiles y subyacentes. Generalmente, la ira no se considera como un síntoma de ansiedad.

Esto se debe al hecho de que se consideran dos respuestas emocionales diferentes. Pero, los expertos creen que ambas emociones pueden superponerse ya que tienen características cognitivas y biológicas comunes.

La razón por la que puede sin identificar la ansiedad como la emoción subyacente detrás de su ira es que la ira es una respuesta emocional instantánea, algo que se siente inmediatamente cuando hay un desencadenante.

La ansiedad evoluciona hacia la ira cuando una persona es incapaz de abordar la causa de la ansiedad directamente. Es posible que cubras tu ansiedad con ira porque encuentras la causa demasiado dolorosa para abordarla directamente. Así que proyectas la emoción como ira en su lugar.

Hay muchas situaciones en las que la ansiedad puede transformarse en ira, especialmente cuando está en relación con un trastorno de ansiedad. Por ejemplo, una persona con Trastorno Obsesivo-Compulsivo (TOC, por sus aires) puede enojarse cuando su rutina ritual es interrumpida por otra persona. La ansiedad se reconoce como la emoción principal detrás del TOC como un trastorno.

El miedo ha sido identificado como la emoción oculta detrás de la ira en tanta gente, y como ya he destacado, la ansiedad es una emoción asociada con el miedo y la preocupación.

Muchas veces, el manejo de la ira se toma junto con el manejo del estrés / ansiedad porque no hay manera de que un individuo puede aprender a controlar la ira sin reducir la gran cantidad de factores de estrés en su vida primero.

La ansiedad, el estrés y la ira comparten una relación que entenderás mejor mientras hablo de los factores que afectan la ira y la verdad detrás de la ira como una emoción secundaria.

Factores Que Causan Y Trigger Ira

Debido a su espontaneidad, por lo general es difícil identificar el desencadenante o la causa de la ira. Incluso puede parecerte que tu ira está saliendo de la nada. Esto se debe al nivel de intensidad con el que siempre sale la ira; esto erradicó la causa o el desencadenante y te dejó perplejo.

Por lo general, a menudo te quedan con la consecuencia de tu ira o el daño que se ha hecho sin saber lo que llevó a la ira en primer lugar. Este tipo de problema se convierte en un patrón recurrente, especialmente con las personas que tienen un problema de manejo de la ira.

He visto casos en los que una persona tiene un episodio de ira explosiva, y al instante siguiente, ni siquiera pueden recordar por qué explotaron en primer lugar. A veces, reconocen la causa sólo después de la explosión ya ocurrió, y luego se sienten arrepentidos debido al resultado.

Es bastante fácil para esto convertirse en un ciclo o patrón. La mayoría de las veces, algo pasa, te enojas, reaccionas explosivamente, te calmas después de un tiempo, lamentas tu reacción airada a la situación, y luego la repites en otra situación. Lo que lo hace peor es que no haces ningún esfuerzo para aprender la causa de tu ira, así que permaneces en ese patrón perturbador.

Para aprender el manejo de la ira con éxito, es absolutamente importante conocer los factores que posiblemente podrían estar causando su ira. Es imposible manejar algo si ni siquiera sabes la fuente de esa cosa.

No puedes aprender a controlar tu ira si no identificas y abordas la causa de la ira. Por ejemplo, si tu ira está siendo inducida por el estrés, pero no abordas los factores estresantes en tu vida, será bastante difícil para ti controlar la ira incluso si vas por el manejo de la ira. Mientras existan los factores de estrés, seguirás enojándote por las razones más ridículas.

Por lo general, la ira es causada por personas, situaciones y circunstancias que te encuentras, intencionalmente o no. De estos tres, la causa más frecuente de ira son las personas (especialmente las personas con las que compartes relaciones personales). Sus compañeros, hijos, amigos y familiares son algunas de esas personas que pueden molestarlo constantemente o hacer que se enoje constantemente.

Esto es comprensible porque su familia, amigos e hijos suelen ser los que usted tiene sus relaciones más cercanas.

Continuando, hay varios factores que podrían ser el desencadenante o la causa de tu ira aparte de las personas o situaciones. Si usted es alguien que constantemente se enoja no importa lo trivial que sea la situación, puede que no sea porque alguien siempre está haciendo algo para molestarlo o la situación suele provocar.

En muchos casos, la razón detrás de tu ira puede ser algo completamente diferente de lo que piensas. Estas razones suelen ser algo que ni siquiera piensas capaz de irritarte.

Por ejemplo, si llegas a casa del trabajo en un día agotador y sientes que algo te golpeó justo cuando entras en la casa. Al entrar en la habitación, te encuentras con que es tu hijo de 10 años quien te tiró la cosa que te golpeó. Si le gritas al niño porque te golpearon, ¿dirías que es realmente porque tu hijo te tiró algo?

Por supuesto, puede parecer que la causa de su ira es que fue golpeado por algo que su hijo lanzó. Después de todo, ¿cómo te habrías enfadado y le habrías gritado al niño si eso no sucediera? Sin embargo, la razón real de su ira es el hecho de que tuvo un día agotador en el trabajo.

El estrés que sientes por el trabajo es lo que necesitabas una salida para dejar salir, y elegiste hacer de eso una oportunidad para dejar salir el estrés. Si estuvieras regresando a casa, de espíritu libre, enérgico y feliz, obviamente no te importaría que te lanzaran algo. De hecho, incluso puede saque al niño en sus brazos y juegue un poco antes de proceder dentro.

Por lo tanto, a veces hay ciertos factores que desencadenan su ira debajo sin su conocimiento. A continuación, identificaré y hablaré de algunos de los factores que podrían estar causando o desencadenando tu ira.

• *Infancia y educación*

La forma en que una persona reacciona a la ira o enfrenta sentimientos de ira está influenciada en gran medida por el tipo de infancia y educación que tuvo. Hay casos en los que la razón detrás de la ira de una persona mientras crece es que la aprendió mientras crecía.

Al crecer, muchas personas aprenden sobre la ira de una manera que hace que sea difícil y a veces imposible de manejar como un adulto. Cuando eres niño, es posible que hayas crecido en un ambiente donde la ira generalmente se actúa violentamente o agresivamente. Por lo tanto, usted crece con la mentalidad de que esta es la manera correcta de mostrar su ira.

Con una mentalidad como esta, es posible que te encuentres incapaz de entender y manejar tu ira. Así que te enojas con las cosas más mínimas. Puedes enojarte porque alguien hizo algo que no te gusta, a pesar de que podrías haberte acercado a ellos y haber hablado de lo que hizo. También puede tener un episodio de arrebatos de ira cuando se encuentra en una situación que no le gusta.

Otra forma en que tu infancia o educación puede estar influyendo en tu respuesta a la ira es si creciste con la creencia de que reprimir la ira es la manera correcta de 'expresarla'. Muchas personas fueron criadas para creer que nunca deben quejarse cuando se sienten agraviadas o maltratadas. También eran castigados cada vez que expresaban ira cuando eran niños.

Si te criaron así, el resultado es que terminas aprendiendo a suprimir tu ira, que más tarde se convierte en un problema importante en la edad adulta, haciéndote reaccionar a situaciones incómodas inapropiadamente. También puedes volver tu ira hacia adentro sobre ti mismo si sientes que no deberías liberar tu ira afuera.

Cuando eras niño, es posible que hayas crecido viendo a tus padres y a otros adultos relevantes en tu vida actuar fuera de control cuando están enojados. Esto puede haberte enseñado a ver la ira como algo que es bastante aterrador y destructivo.

Cualquiera de las dos cosas puede suceder; puedes volverte aterrorizado de la ira como emoción y tener miedo de expresar tu ira. Esto significa que incluso cuando sucede algo verdaderamente provocativo, embotellas la ira sin expresar cómo te sientes.

Por otro lado, usted puede aprender este comportamiento y también empezar a actuar como los adultos que vio crecer. En la eventualidad de que te hagas temer enojarte, es posible que los sentimientos de ira reaparezcan en situaciones que no están relacionadas.

Por ejemplo, si creces en una familia donde tus padres siempre están luchando e inventando, puedes crecer pensando en esto como un comportamiento normal y empezar a exhibir comportamientos similares en tus relaciones, ya sea consciente o subconscientemente. Usted puede sentirse incómodo si usted y su pareja no pelean en el espacio de una semana con la creencia de que algo está mal.

• *Experiencias pasadas*

A veces, la razón por la que estás tan enojado puede ser debido a ciertas cosas que has experimentado en el pasado. Si has estado en situaciones que te enojaron en el pasado, pero tenías que reprimir esa ira entonces porque no había manera de expresarla con seguridad, es posible que aún estés amamantando esos sentimientos de ira sin que lo sepas.

El trauma, el abuso y el acoso son algunas de las experiencias horribles que podrían poner a una persona en un estado perpetuo de ira. Las investigaciones han demostrado que las personas que intimidan a otros son generalmente aquellas que también fueron acosadas por otros.

Si usted es un empleador y usted es agresivo con sus trabajadores, es decir, usted los intimida, podría ser porque fue acosado por personas en la universidad o la escuela secundaria mientras crecía. La mayoría de las personas que intimidan a otros en las redes sociales son aquellas que en realidad están siendo acosadas por otros en realidad.

Las personas que han sido abusadas física, verbal, emocional o sexualmente en el pasado pueden estar enojadas debido al daño que sienten por ser abusadas. Si una persona fue abusada sexualmente por alguien del sexo opuesto, esta persona podría ser inusualmente agresiva y enojada con cada uno de los sexos opuestos.

El trauma también es otra experiencia que puede ser la causa de la ira. Las experiencias traumáticas suelen tener efectos duraderos en una persona, incluso cuando piensan que han pasado de la experiencia. Los recuerdos de traumas pasados pueden conducir a sentimientos de ansiedad, frustración y desesperanza, lo que puede desencadenar episodios enojados.

Las experiencias pasadas te colocan en una situación en la que encuentras ciertas situaciones inusualmente desafiantes, y esto te hace propenso a enojarte. A veces, tus sentimientos actuales de ira no son el producto de cualquier situación en la que te encuentras actualmente. Más bien, están vinculados a experiencias pasadas. Lo que esto significa es que la situación en la que se encuentra actualmente refleja algo de su pasado.

Para lidiar con la ira, primero debes tomar conciencia de la experiencia particular del pasado, que está sirviendo como el desencadenante subyacente de la ira.

• ***Circunstancias actuales***

También hay ocasiones en las que el factor que desencadena tu ira es la circunstancia actual en la que te encuentras. Si tienes muchas cosas que hacer en tu vida en la actualidad, es posible que te encuentres más propenso a la ira que nunca. También puede estar enfadado con cosas totalmente desconectadas.

Muchas personas se enojan fácilmente porque están en una situación que los hace enojar, pero no se sienten lo suficientemente valientes para abordar la situación o resolverla directamente.

Veamos un ejemplo. Si tu jefe en el trabajo es inusualmente difícil y agresivo contigo, esto seguramente te enojará. Pero, como él es tu jefe, puede que no seas lo suficientemente audaz para abordar el problema con él.

Esto significa que tienes que embotellar la ira. Pero lo que pasa con la ira es que no se puede reprimir por mucho tiempo. Por lo tanto, puede volver la ira hacia sus colegas en el trabajo o sus hijos en casa. Algo tan trivial como que su hijo derrame agua en el suelo puede desencadenar sentimientos de enojo.

En este caso, tu situación en el trabajo es lo que te está enojando, pero no sientes que realmente puedes abordarlo porque no quieres perder tu trabajo. Esto te hace redirigir la ira a tus colegas o a los niños pobres en casa.

• *Impotencia o impotencia*

Este es un detonante común para la ira, especialmente entre los hombres. Usted puede estar enojándose más de lo habitual porque se encuentra en una situación que se siente completamente fuera de su control, y se siente indefenso. Ese ejemplo de tu jefe en el trabajo viene a la mente en esta situación.

La impotencia a menudo se asocia con sentimientos de impotencia y una pérdida de control sobre los acontecimientos en la vida. A la gente le gusta sentirse en control, por lo que se enojan cuando una situación que no está bajo su control viene a jugar.

Si tienes problemas con tu salud o estás en una relación abusiva de la que sientes que no puedes salir, es posible que te sientas intensamente enojado debido a lo indefenso que estás en esa situación.

La clave aquí es siempre recordar que algunas cosas estarán dentro o fuera de su control. Pero, hay situaciones en las que usted está completamente en control; simplemente se deja para que usted ejerza ese control.

- *Estrés y ansiedad*

La Asociación de Ansiedad y Depresión publicó datos que muestran que más de 40 millones de adultos estadounidenses sufren de ansiedad, y esto es casi un enorme 18 por ciento de la población total de los Estados Unidos.

Como ya expliqué, la ira, el estrés y la ansiedad son tres condiciones estrechamente tejidas. Las personas que sufren de afecciones relacionadas con la ansiedad a menudo experimentan reacciones abrumadoras y fuera de control. Por lo general, terminan expresando su estrés y frustración en forma de ira.

A menudo, situaciones tensas e inciertas pueden enojar a una persona debido a la presión que deja en el hombro y el cerebro.

- *Dolor*

La última causa común de ira, que usted debe saber, es el dolor. Por lo general, una emoción abrumadora, el dolor a menudo proviene de situaciones dolorosas. También se asocia con dificultades y pérdidas.

Los sentimientos de dolor pueden surgir de la muerte de un ser querido, una mascota o un amigo. También puede ser inducido por situaciones profesionales y relacionadas con la carrera como la pérdida de su trabajo.

Cuando el dolor te abruma, puede convertirse rápidamente en ira. Esta ira a menudo surge como resultado de la frustración y la injusticia que siente la persona afligida. Por ejemplo, si pierdes a tu cónyuge, pensar en el futuro que ambos imaginaste podría dejarte frustrado, agraviado y enojado por la crueldad y la injusticia de tu situación.

Tu ira puede estar especialmente dirigida a las personas por no ser capaces de entender cómo realmente sientes o simpatizas con tu situación y el sufrimiento.

Aparte de los que acabamos de revisar juntos, hay varias otras cosas que pueden estar desencadenando tu ira con que eres ajeno a ellos. En un capítulo posterior, explicaré cómo puede identificar y reconocer sus desencadenantes de ira para controlar su ira.

Capítulo 2

La Ira Como Una Emoción Positiva

Si piensas en la ira como una emoción salvaje, incontrolable y negativa, es normal porque no eres el único que piensa esto. Puedo asumir con valentía que más de la mitad de la población mundial, si no más, piensa en la ira como una emoción negativa.

Esto es comprensible, considerando cómo la sociedad ha hecho que todos vean la ira como una emoción no deseada y abominable. Pero, a diferencia de todo lo que has aprendido mientras creces, la ira puede ser una emoción positiva.

De hecho, es seguro decir que la ira como emoción no es positiva ni negativa. Como ya he dicho, es simplemente una emoción. La emoción es una respuesta corporal, y no están destinadas a ser negativas o positivas, en el sentido real.

Sin embargo, ciertos factores son los que influyen en la decisión de etiquetar algunas emociones como positivas, y otros son negativos. Algunos de estos incluyen la reacción inspirada por estas emociones, cómo afectan a alguien, y la consecuencia de sentir esa emoción.

Por lo tanto, una emoción "positiva" conocida, como el optimismo, puede resultar negativa en algunos casos, especialmente en los casos en que es exagerada. En el mismo aliento, una emoción como la ira, que es considerada por todos y varios como negativas, puede resultar positiva en ciertos casos. Todo depende de cómo reacciones a ambas emociones.

No estoy diciendo que esté mal para ti o para cualquier otra persona ver la ira como una emoción negativa, especialmente cuando consideras todas las consecuencias dañinas que suele tener. Lo que estoy diciendo es que su interpretación y reacción a la ira es lo que determina si se convierte en una emoción negativa o positiva. En sí misma, la ira es simplemente una emoción, una respuesta que tu cuerpo activa cuando percibe el peligro.

Como la mayoría de las personas, probablemente no sepas que la ira puede ser una emoción positiva. Como ya aprendiste, las personas a menudo se sienten enojadas en situaciones que son desagradables, injustas u hostiles. Esto significa que la ira no es algo que simplemente sale de la nada; aparece cuando ocurre algo que te hace sentir incómodo.

Por lo tanto, la ira se vuelve positiva cuando reaccionas a situaciones hostiles, injustas o desagradables de manera saludable y positiva. Por ejemplo, si alguien te insulta y te vas tranquilamente en lugar de dar una réplica, ¿significa que no estabas enojado? No, simplemente elegiste reaccionar a tu ira dejando el medio ambiente, que es una reacción positiva.

La ira puede ser una emoción positiva de más de una manera.

- ***Promueve la supervivencia***

La ira está diseñada para promover la supervivencia humana. La respuesta de "lucha o huida" está destinada a alertarnos sobre el peligro para que podamos defendernos. La ira está arraigada profundamente en la necesidad primitiva de los seres humanos de vivir y sobrevivir contra el peligro o la agresión.

Por lo tanto, la ira te orienta estar más atento a las amenazas, y también mejora tu enfoque. Cuando alguien o algo te ataca, el cerebro activa inmediatamente la ira para que puedas defenderte o huir de la escena del ataque con el fin de protegerte.

- ***Poderoso motivador***

En primer lugar, la ira puede servir como una fuerza motivadora cuando se canaliza con razón. Una de las cosas que suelo decirle a la gente con problemas de ira es 'canalizar la ira en energía positiva', y estoy seguro de que es posible que haya escuchado esto de otras personas también.

La ira, en sí misma, es energía positiva, que también puede servir como una fuerza motivadora cuando se usa bien. Varias investigaciones han demostrado que la ira puede empujar a las personas hacia sus metas, a pesar de los problemas, barreras y obstrucciones.

Cuando ves algo que realmente quieres, y te sientes enojado porque no estás recibiendo esa cosa, la ira que sientes puede convertirse en un poderoso motivador que te empuja a trabajar más duro para conseguir esa cosa.

La ira te proporciona una sensación de poder y control que hace que sea mucho más fácil para ti seguir adelante y obtener lo que quieres.

• ***Optimismo***

Esto probablemente se siente extraño para su vista y extraño para sus oídos, pero la ira hace que la gente sea más optimista. Esto es una cosa que la gente enojada tiene en común con la gente feliz; ambos son característicamente más optimistas que otras personas. Este es un hecho respaldado con evidencia de la investigación.

El optimismo que sientes por estar enojado es lo que a veces te motiva a presionar más hacia tus metas sin rendirte, sin importar cuántas barreras o problemas te enfrentes en el camino.

La ira te da esperanza y te hace sentir que cualquier cosa es alcanzable. Por ejemplo: si escribes un examen en la escuela y obtienes una 'F', es posible que te enojes como resultado de esto. Esta ira podría, a su vez, hacerte trabajar más duro en tu próxima prueba y dejarte optimista de que no volverás a fallar.

• ***Mejorar las relaciones***

La ira se utiliza para comunicar una sensación de mal e injusticia como una reacción natural. Pero, la sociedad te dice que la ira es destructiva, dañina, y que nunca debes dejar que se muestre. Esto resulta ser en gran medida negativo en sus relaciones.

Curiosamente, la investigación también ha demostrado que ocultar tu ira en una relación afecta la salud de esa relación. La cosa es que, cuando suprimes u ocultas la ira, estás haciendo imposible que tu pareja sepa que han hecho algo para ofenderte o mal.

Por lo tanto, pueden perpetuar ese comportamiento en particular, haciéndote enojar, y esto puede ser perjudicial para la relación.

Pero, cuando se comunica y se expresa saludablemente, la ira en realidad beneficia una relación. Si tu pareja hace algo que te enoja sin comer inmediatamente y tú les dices de inmediato, se disculpan, y ambos trabajan hacia una solución para evitar que la situación fea vuelva a ocurrir.

Esto resulta ser más saludable y de mayor beneficio para su relación; fortalece el vínculo en la relación. A veces, la falta de comunicación efectiva es lo que lleva a tanta ira y conflictos en una relación.

Cuando se canaliza positivamente, la ira puede resultar de un enorme beneficio para sus relaciones personales y profesionales.

• *Proporciona información*

Cuando lo canalizas de la manera correcta, la ira te da una visión útil de ti mismo. En algunos casos, los estallidos de ira a menudo terminan, lo que resulta en resultados positivos. Esto se debe a que le proporciona información sobre sus propios defectos.

El hecho de que usted está leyendo actualmente este libro también es una prueba de que la ira realmente proporciona información. Probablemente estés leyendo este libro porque has mirado hacia adentro y te has dado cuenta de que hay algo malo contigo que necesita ser abordado y corregido tan pronto como sea posible.

Saber cuándo te enojas, por qué te enojas y qué te hace enojar puede impactar y mejorar tu vida de varias maneras positivas. Así como te motiva a trabajar más duro para lograr tus metas, la ira también puede motivar el autocambio inspirándote a buscar qué aspecto de ti mismo o tu vida necesita ser abordado, corregido y mejorado

• *Reduce la violencia*

Sé que esto puede parecer una cosa completamente ridícula de decir, especialmente si se tiene en cuenta el hecho de que la violencia siempre está precedida de ira. Pero, les prometo que la ira también se puede canalizar para reducir la violencia.

Esto se debe a que la ira es una emoción muy fuerte que te señala al hecho de que algo existe para ser resuelto. Por lo general, cuando las personas saben que han hecho algo para hacerte enojar, y también notan las señales en tu rostro, están más impulsadas a aplacarte y difundir la situación.

Si aún no estás seguro de que la verosimilitud de la ira sea una forma de reducir la violencia, tómate un momento e imagina un mundo en el que nadie se enoje. Imagina un mundo donde nadie tiene ningún método para mostrar su disgusto por una injusticia. En un mundo como este, ¿no es posible que la gente pueda simplemente proceder directamente a la violencia ya que no hay manera de hacer saber a los demás cómo se sienten.

• *Negociación*

La ira es una emoción que puedes usar legítima y estratégicamente para conseguir algo que quieras. En un cierto estudio que se llevó a cabo en 2002, se observó que las personas hacían menos demandas de una persona enojada, particularmente en relación con un trabajo o proyecto.

Esto proporciona evidencia de que puede usar la ira para facilitar la negociación, pero este proceso es un poco complicado. El mejor momento para usar la ira como estrategia de negociación es cuando está justificada.

Si usas la ira legítima y estratégicamente para conseguir algo que realmente quieres, estás canalizando la ira como una emoción positiva.

• *Liberar tensión*

La ira te hace experimentar dolor físico y emocional. En ese estado de angustia, la ira te empuja fuertemente a corregir la situación. Por lo tanto, la ira ayuda a controlar el estrés en el cuerpo sirviendo como una salida para liberar la tensión, calmando así los nervios.

Esto explica por qué las personas generalmente se sienten tranquilas justo después de tener una reacción enojada.

• *Mejora la Inteligencia Emocional*

Las personas que se sienten cómodas con aceptar y abrazar emociones aparentemente incómodas como la ira, en lugar de suprimirlas o evitarlas, suelen ser muy inteligentes emocionalmente.

Las personas emocionalmente inteligentes no evitan, pelean ni se resisten a la ira. En su lugar, lo adoptan y lo canalizan para que sean más productivos. Esto los hace más resistentes y adaptables en situaciones difíciles.

Aprenderás más sobre cómo desarrollar y mejorar tu inteligencia emocional a medida que leas más. La inteligencia emocional y el manejo de la ira/estrés en realidad van de la mano porque no puedes manejar tus emociones si ni siquiera eres consciente de estas emociones.

A pesar de la reputación fuertemente negativa de la ira, cada vez más personas están empezando a aceptar la realidad de la ira como una emoción constructiva y positiva cuando se canaliza bien, incluyendo todos los beneficios que podría agregar a sus vidas.

La ira es una parte fundamental de la respuesta de "lucha o huida", y esto la hace muy natural. Es crucial para su existencia y supervivencia. Cuando se canaliza bien, la ira tiene un impacto positivo en una persona.

Pero, la ira se vuelve negativa y destructiva cuando se vuelve abrumadora y fuera de control. La ira está destinada a darte una sensación de control sobre la vida, no a tomar el control de tu vida.

Ira Como Una Emoción Negativa

Cuando la ira no está siendo productiva, significa que no es positiva. La ira destructiva, es decir, la ira, que tiene muchas consecuencias perjudiciales, es lo que se considera una ira negativa.

Lamentablemente, el aspecto negativo de la ira parece superar a lo positivo porque muchas personas se dejan abrumar por la ira.

La ira se vuelve negativa cuando no la estás canalizando productivamente, y está afectando más de un área de tu vida, incluyendo tus relaciones personales, sociales y profesionales. La ira incontrolable puede tener efectos devastadores en ti y en las personas más cercanas a ti.

Es lo que normalmente resulta en abuso físico, violencia, conflicto, asalto e incluso autolesiones. En la forma más extrema, la ira puede llevar a algo tan aterrador como el asesinato. A diferencia de la ira positiva, la ira negativa destruye tu vida de muchas maneras, que incluyen;

• *Salud*

Una de las áreas donde la ira negativa afecta principalmente su vida es su salud. Cuando escuchas a la gente decir que te estás haciendo más daño al estar enojado, deberías aceptar eso como la verdad porque incluso la ciencia lo ha respaldado con pruebas sustanciales.

Ya sea que lo expreses explosivamente, lo suprimas o, lo gire hacia adentro a sí mismo, la ira puede causar estragos en su salud. La ira crónica se ha asociado con un mayor riesgo de ciertos problemas de salud.

La duración, intensidad y frecuencia de la ira son algunos de los principales determinantes de cómo afecta e impacta su salud.

La ira se ha relacionado con muchos problemas relacionados con el corazón. Los estallidos explosivos de ira ponen su salud cardíaca en gran riesgo. Según los expertos, la posibilidad de tener un ataque cardíaco se duplica a las dos horas de experimentar un episodio de ira explosivo.

La ira reprimida también se ha relacionado con una serie de enfermedades del corazón. Un estudio proporciona la prueba de que las personas que son incontrolablemente propensas a la ira son más susceptibles al riesgo de tener una enfermedad coronaria que las personas que experimentan menos ira.

Otro estudio también ha demostrado que la ira te pone en un mayor riesgo de sufrir un accidente cerebrovascular. Según el estudio, un individuo tiene tres veces con un mayor riesgo de sufrir un accidente cerebrovascular por sangrado en el cerebro, por lo general dentro de las dos horas después de un episodio de ira. Las personas con un aneurisma en cualquiera de las arterias cerebrales corren un riesgo de seis veces en caso de un estallido de ira.

La ira también debilita el sistema inmunológico. Si usted es del tipo que alguna vez está enojado, entonces usted puede encontrarse enfermando más a menudo de lo habitual. De hecho, sólo recordar una experiencia del pasado que te hace enojar causa una caída de seis horas en el nivel de inmunoglobulina de tu cuerpo, un anticuerpo que es la primera defensa de tu cuerpo contra una invasión de la infección.

Eso no es todo, sin embargo; la ira negativa aumenta la ansiedad y también está relacionada con trastornos depresivos. Varios estudios han establecido una fuerte conexión entre la depresión y la ira explosiva, especialmente en los hombres. La ira pasiva es especialmente prominente en personas con trastornos depresivos.

Puede que no fumes, pero tu pulmón sigue en gran riesgo si te dejas enojar todo el tiempo. Este hecho está respaldado por los resultados de un estudio realizado por científicos de la Escuela de Medicina de Harvard.

• *Autoestima*

En el auge del momento, la expresión de ira negativa a menudo deja a una persona sintiéndose poderosa y buena. Sabes que "sí, me ocupé de su tonto culo golpeando su tonto cabeza" sintiendo después de que acabas de tratar con alguien que te insultó y desperté al tigre furioso en ti.

La ira negativa puede hacerte sentir bien en este momento, pero por lo general resulta en sentimientos de vergüenza, culpa, vergüenza y remordimiento, todos los cuales no se sienten cómodos en lo más mínimo. Cognitivamente, usted puede darse cuenta de que su reacción fue soplado completamente fuera de proporción, mal dirigido, o incluso injustificado. Esto podría llevar a una mella en tu autoestima.

Usted puede comenzar a evitar a la persona a la que reaccionó con enojo o situaciones sociales en su conjunto porque tiene miedo de dejar que ese tipo de situación se repita. Cuanto más enojado estás, más daño haces a tu autoestima.

Naturalmente, la necesidad de sentir empatía y compasión por los demás está incrustada en todos nosotros como seres humanos. Por lo tanto, cuando actuamos de una manera que contrarresta esa necesidad, deja un gran impacto en nuestra autoestima.

En cierto modo, cuando suprimes tu ira sin prestar atención a lo que está tratando de alertarte, también podría afectar tu autoestima. Si eres del tipo que piensa que está bien aceptar lo que la gente te arroje, es posible que no puedas establecer límites apropiados.

Con la falta de límites necesarios para decirle a la gente cuando sea necesario, básicamente estás caminando con una etiqueta de "caminar alrededor de mí como te gusta". Lo que suele suceder aquí es que la presión interna aumenta cuanto más suprimes la ira hasta que llega a un punto en el que ya no puedes contener la ira, y estalla en una explosión masiva. Entonces, sientes verguenza, culpa y remordimiento, lo que se sumerge en tu autoestima.

Algunas personas no expresan su ira insalubre ni la reprimen, la vuelven hacia adentro en su lugar. Si eres del tipo que hace esto, te estás avergonzando subconscientemente. La forma en que esto funciona es que algo insatisfactorio o decepcionante sucede en el medio ambiente, pero en lugar de abordar esto directamente, usted concluye que es su culpa y se enoja con usted mismo.

Esto te hace encontrar defectos contigo mismo sin sentirte desconectado de la otra persona. En tu mente, eras completamente responsable de la situación, y la otra parte no hizo nada malo. Algo así sucede sobre todo con las víctimas de abuso y asalto.

Pronto, usted puede comenzar a generar desprecio por sí mismo sólo por su incapacidad para controlar sus sentimientos de ira.

• *Relaciones*

Uno de los daños más comunes a las relaciones es la incapacidad para manejar la ira. De hecho, probablemente esté en la lista de cosas que son rápidas para poner fin a una relación. Nadie quiere ser amigo ni nada con una persona que no pueda manejar su ira.

Así como la risa es contagiosa, las emociones como la ira también son contagiosas. Cuando se expresa o canaliza negativamente, la ira no solo te afecta a ti, sino que también afecta a las personas que te rodean. La ira proyecta una sombra negativa sobre la relación que tienes con las personas más cercanas a ti.

En el caso más leve, la ira puede hacer que la gente se enfade, se intimida, se asuste o se desponga por ti. La ira negativa te pone en el riesgo de expulsar a personas importantes de tu vida para siempre.

La ira negativa te hace desahogarte o arremeter contra tu pareja, verbal o físicamente, y esto podría tener un efecto negativo importante en el bienestar de la persona. Gritar, gritar, empujar o empujar a tu pareja pueden parecer cosas menores cuando estás en el calor de la ira.

Sin embargo, pueden llevar a consecuencias destructivas importantes, que pueden ser devastadoras para la salud de tu pareja, haciendo que se fortalezca la relación que tienen contigo.

Aparte de tus relaciones personales, la ira también puede afectar tus relaciones profesionales. Es posible que te despidan de diferentes lugares de trabajo consecutivamente sólo porque eres innecesariamente agresivo con tus colegas en el trabajo.

Su nivel de productividad en el lugar de trabajo, tanto cualitativa como cuantitativamente, puede verse mal afectado por la ira, el resentimiento y la frustración incontrolables.

La ira incontrolable puede tener efectos adversos en su salud, relaciones, autoestima y productividad si no la revisa inmediatamente. Recuerda que dije que la ira en sí misma no es positiva ni negativa, pero puedes determinar si tu ira es positiva/productiva o negativa/destructiva en función de cómo reaccionas a ella y las secuelas de esa ira.

Si miras dentro de ti mismo y reconoces que tu ira es más destructiva que positiva, es hora de aprender a canalizar la ira en cosas más positivas y productivas, que podrían ser beneficios para ti y las personas que te rodean. Significa que el manejo de la ira es más crucial para ti ahora que nunca.

¿La ira es buena o mala?

La ira es una emoción muy problemática (si no la emoción más problemática). El hecho de que a las personas les resulte difícil controlar la ira es una de las razones por las que se considera una emoción problemática.

Pero ¿ser problemático significa ira es una mala emoción? De hecho, a menudo me encuentro con personas que quieren saber si la ira es una emoción buena o mala. Por supuesto, la respuesta que suelo dar es que la ira no es ni una emoción mala o buena, así como no es una emoción negativa o positiva.

Como ya he postulado, la ira no es principalmente una emoción negativa o positiva, así que no puedes decir que es mala, o es buena.

Lo que determina si la ira es buena o mala es cómo la manejas, y la forma en que la pones en uso, si el resultado es positivo o no. Si ves a una persona siendo acosada en las calles y te enojas, entonces esta ira es buena.

Si observas a alguien haciendo algo extremadamente dañino para ti a tus espaldas y te enojas, esta ira también es buena. Si te enojas con una injusticia que se ha cometido contra alguien en la sociedad y te sientes enojado, esta ira es buena.

La ira puede considerarse buena cuando está siendo inducida por una situación que deletrea injusticia u hostilidad. La ira suele ser una buena emoción cuando es primaria, viniendo de un lugar de dolor que te hace querer hacer algo.

He observado algo bastante común con la ira: las personas con problemas de ira en su mayoría siempre están enmascarando otra emoción con esa ira sólo porque no se sienten lo suficientemente valientes como para expresar esa emoción en particular. Esto generalmente lo hace 'malo' y negativo.

Pero, cuando la ira es directa, primaria y puramente sin adulterar sin ningún sentimiento de que se esconde detrás de ella, por lo general proviene de un buen lugar. Simplemente estás tratando de protegerte a ti mismo o a alguien más.

Hay diferentes tipos de ira, que aprenderás pronto. El tipo de ira que está experimentando es lo que generalmente determina si su ira es buena o mala. La ira como la ira justificada puede considerarse buena ya que se debe a una situación en la que se le ofende, pero la ira pasiva-agresiva puede no calificar como buena ira debido a cómo se está manejando.

Por lo tanto, la única manera de determinar si su ira es buena o mala es identificar la causa, reconocer cómo se está manejando y abrazar de dónde viene. En sí misma, la ira no es mala/negativa ni buena/positiva.

Cómo Canalizar La Ira Positiva Y Productivamente

La clave para obtener el control sobre tu ira y dejar que deje de controlar tu vida es empezar a canalizar la ira proactivamente en cosas más positivas y productivas. El problema es que muchas personas no tienen idea de cómo canalizar la ira positivamente para mejorar sus vidas.

La base para canalizar la ira productivamente es empezar a drenar las cosas negativas y concentrarse totalmente en las cosas positivas, no importa lo poco o intrascendentes que parezcan. Probablemente no creas esto, pero las pequeñas cosas realmente importan.

No importa a qué te enfrentes o a los desafíos que tienes ante ti, es vital ponerte siempre en una posición en la que no veas nada más que los aspectos positivos de cada situación en la que te encuentres. Por ejemplo: si recibe un aviso del trabajo de que su empleador va a despedir a algunos trabajadores, naturalmente puede comenzar a sentirse asustado, y este miedo puede enojarse con sus empleadores.

En lugar de dejarse quedar atrapado en un ciclo de ansiedad e ira debido a lo que está a punto de suceder en el trabajo, puede elegir ese período para reevaluar sus conjuntos de habilidades, fortalezas y debilidades y canalizar esa ira en una energía dirigida a prepararse en la eventualidad de que usted necesita para conseguir un nuevo trabajo.

Otro ejemplo: supongamos que ha sido abusado varias veces por diferentes personas que han crecido. Por supuesto, esto te hará, sin duda, enojado. Pero en lugar de enojarte contigo mismo y concentrarte en la desafortunada situación en la que te encontraste, puedes concentrarte en el hecho de que hay miles de personas en la situación exacta como tuya según la tuya y luego idear medios a través de los cuales puedes ayudarlos y sin darse cuenta también te ayudes a ti mismo.

En una situación como esta, te estás esforzando por ver más allá de los males de tu situación y concentrarte en las oportunidades que hay debajo.

La ira también se puede canalizar productivamente hacia aspectos más positivos de su vida al deshacerse de las creencias y pensamientos limitantes. Como ya he dicho, los patrones de pensamiento negativo son algunas de las causas de los patrones de ira negativos en algunas personas.

A veces, la perspectiva negativa que tienes de ti mismo es lo que está reproduciendo las emociones negativas debajo de tu ira.

Cuando hablas o piensas mal de ti mismo, empiezas a creer y a aceptar tus pensamientos como la verdad.

En lugar de dejar que los pensamientos y creencias negativas se conviertan en una parte integral de tu autoimagen y sistema de valor, reemplázalos inmediatamente con pensamientos positivos y autoevaluadores. Por ejemplo, si te pillas pensando algo como "Soy una persona tan horrible", reemplaza inmediatamente ese pensamiento con algo así como, "Soy una gran persona".

Instantáneamente, su cerebro procesará el pensamiento positivo y responderá en consecuencia. Esto puede parecer una cosa extrañamente tonta de hacer al principio, pero usted se sorprenderá de lo rápido que su cerebro es en la manifestación de afirmaciones y pensamientos positivos.

Intrigando, el cerebro sólo puede pensar una cosa a la vez. Por lo tanto, cuando reemplazas los pensamientos negativos por los positivos, significa que tu cerebro sólo puede concentrarse en el pensamiento positivo en ese momento. El poder del pensamiento positivo es en realidad una cosa porque los pensamientos positivos generan emociones positivas.

Para empezar a usar la ira para involucrarse en cosas más productivas y facilitar resultados positivos, siga los pasos a continuación.

• *Canalizalo*

Por supuesto, esto es de lo que hemos estado hablando, ¿verdad? La primera, simple y más directa manera de utilizar la ira productivamente es dirigirla a una tarea – cualquier tarea que pueda mantener la idea de hacer su ira de su mente.

Canalizar su ira es bastante sabio porque no sólo le ayuda a evitar entrar en una situación, es probable que se arrepienta de las secuelas, también hace posible que usted utilice la ira para atender tareas más importantes en ese momento.

Al canalizar su ira, asegúrese de que es hacia algo positivo. ¿Alguna vez has estado en una situación en la que alguien te molesta, y eliges ese momento para pisar la cocina y lavar los platos? Este es un ejemplo clásico de canalizar su ira hacia una tarea.

Cada vez que te encuentres enfadado, elige ese momento para completar un proyecto que has estado retrasando por mucho tiempo; sacar su bicicleta y hacer una rápida por el camino; comience a limpiar meticulosamente por la casa, o use ese tiempo para responder a los cientos de correos electrónicos que dejó sin leer en su bandeja de entrada.

Una cosa que entenderás es que la productividad no conoce ningún límite cuando estás enojado. Dirigir tu ira a una tarea cuando estás enojado podría abrir los ojos a algunos talentos que ni siquiera sabías que tenías.

- *Planificar*

Ya dije que la ira podría ser una fuerza motivadora muy fuerte cuando se usa bien, así que ¿por qué no elegir ese momento te sientes enojado para hacer algunos planes cruciales. La cosa con las personas enojadas es que también están generalmente determinadas, más que otras personas.

Por lo tanto, sólo tiene sentido usar esa determinación para planear algo que podría ser realmente beneficioso para su vida. Convierte tu ira en un plan de 2 años destinado a mejorar tu carrera o mejorarte a ti mismo en un ser humano.

La ira es una energía que está destinada a ser puesta en uso, así que no dejes que esa energía se desperdicie o se convierta en algo que luego podría afectar tu vida. ¡Haz un plan!

- *Ejecutar el plan*

Uno de los mejores períodos para ejecutar un plan es cuando todavía estás sintiendo esa oleada de motivación y optimismo que viene con estar enojado. Tan pronto como cree un plan, ejecutar los pasos contenidos dentro se vuelve mucho más fácil.

Usa esa energía que proviene de estar enojado para perseguir todo lo contenido en tu plan antes de que la ira/energía desaparezca. Salir de la ola de ira puede ser una gran ventaja para un individuo, incluso si no lo sabe.

Mira una instancia. En la mayoría de las películas centradas en la venganza que has visto, siempre hay alguien que ha sido ofendido, y esta persona por lo general siente ira hasta un punto en el que conciben un plan maestro y proceden a tomar medidas para asegurar el éxito de este plan con el fin de lograr la venganza t hola buscar.

No digo que debas dejar que la ira te empuje a la venganza también. Simplemente estoy ilustrando cómo la ira puede ser una motivación perfecta para ejecutar cualquier plan que tengas.

• *No pienses ni dudes*

Después de crear un plan y analizar estratégicamente sus movimientos, acciones y todo, es normal empezar a sentirse dudoso y pensativo y terminar en el pozo negro de su ira. Lo mejor que se puede hacer en esta situación es ejecutar sin pensar.

Si te dejas rumiando demasiado sobre el plan, es posible que te quedes atrapado en tu mente y en tus procesos de pensamiento. Lo que debe hacer es seguir adelante con la ejecución de su plan. Al eliminar el espacio para la reflexión, se hace imposible que dudes de tus habilidades o cuestiones el plan que tienes.

• *Comprobación cruzada*

Hacer un plan con ira hace que sea bastante fácil cometer errores de alta gama que pueden llegar a morder. Lo correcto es cotejar o revisar su plan para asegurarse de que no haya errores que puedan ser costosos.

Asegurar que la energía impulsada por la adrenalina que usaste para crear el plan no te haya hecho cometer errores que normalmente no harías. No dejes que la ira te consuma hasta el punto en que no puedas evaluar objetivamente tu plan antes de ejecutarlo.

• ***Supervise su progreso***

Incluso con un plan y todo, es fácil perderse y dejar que la ira saque lo peor de ti. Por lo tanto, asegúrese de supervisarse siempre para conocer su progreso. Evalúa tu plan y conoce el tipo de emociones que está provocando en ti.

Sepa cómo esa emoción está influyendo en cualquier enfoque que esté tomando hacia el logro de su plan. Además, reconoce el efecto que tiene en las personas que te rodean, especialmente en las personas más cercanas a ti.

De manera concluyente, es importante asegurarse de mantenerse dentro de su límite en lo que haga. Cada ser humano tiene un límite de velocidad personal, y es vital que conozca y reconozca su límite de velocidad personal.

El conocimiento de su límite de velocidad personal hace que sea imposible para usted evitar que una situación se intensifique más allá de su control mientras se adhiere perfectamente al contenido de su plan y a los objetivos/ metas.

Capítulo 3

Tipos de Ira

Así como es importante conocer la causa de tu ira y la fuente que alimenta esa emoción, también es muy importante que sepas el tipo de ira que sientes en diferentes situaciones. Normalmente le digo a la gente que conocer el tipo de ira que está experimentando es el comienzo de controlar esa ira.

¿Por qué digo esto? Porque te permite saber la mejor manera de reaccionar ante esa ira. Diferentes tipos de ira están destinados a ser reaccionados de una manera diferente, y una vez que sabes eso, se vuelve fácil dominar la reacción correcta a la ira particular.

El tipo de ira que experimentas se mide por ciertos factores, los más relevantes en el contexto de la situación que causó esa ira. A menudo, conozco a personas que confunden tipos de ira y estilos de comunicación de ira, pero no son los mismos.

Los tipos de ira se clasifican básicamente por el contexto que rodea la emoción, mientras que el estilo de comunicación de la ira se refiere a cómo una persona expresa la ira. Por supuesto, también hablaré sobre estilos de comunicación de ira en el camino.

Ira justificable

El primer tipo de ira que quiero que sepas es la ira justificable. Este es el tipo de ira que alimenta a los Martin Luther Kings de este mundo para luchar contra la injusticia. La ira justificable proviene de sentir una sensación de indignación moral por la injusticia, los errores y la desigualdad.

Las personas que luchan contra cosas como la opresión humana o la violencia doméstica lo hacen debido a la ira que sienten en la situación. Por lo general, la ira justificable es saludable, importante y beneficiosa porque te da la motivación para equivocarte.

La intensidad con la que viene puede convertirse en una pasión y ser canalizada como una herramienta para el cambio o la consecución de ciertos objetivos, a corto plazo.

Sin embargo, a largo plazo, podría volverse insalubre al convertirse en una obsesión y robar su tranquilidad. La ira justificable causa confusión y sufrimiento cuando se vuelve obsesiva.

No importa si la ira está por una injusticia, injusticia o cualquier otra cosa. Cuando te quedas enojado regularmente, solo te harás daño a ti mismo a largo plazo. La mejor manera de manejar la ira justificable es canalizarla como una herramienta para inspirar el cambio, especialmente en lo que respecta a la situación que causa la ira.

Ira judicial

Este es otro tipo bastante común de ira que parece ser desenfrenado entre mucha gente. La ira judicial podría ser una buena ira, dependiendo del contexto. Es bastante similar a la ira justificable, y muchas personas en realidad intercambian ambos.

Pero, hay una diferencia clara. Aunque ambas iras generalmente se originan en un lugar de moral, la ira juiciosa tiene más que ver con los desaires percibidos en sus creencias o valores personales.

Si alguien hace las cosas de una manera que crees que no es apropiada y te enojas, eso es ira de juicio. No importa que esta cosa no esté equivocada en la percepción general y ampliamente aceptable del mal.

Mientras no sea algo que se ajuste a tus creencias o valores personales, estás obligado a enojarte. Por ejemplo, las personas que se enojan debido a las decisiones personales de otras personas lo hacen desde un lugar de juicio.

Viene de ti asumiendo una postura moralmente superior en una situación y enojándose cuando otra persona cae por debajo de tus expectativas morales. Es la ira alimentada por las deficiencias de otras personas.

Cuando se expresa excesivamente, la ira de juicio podría alejarte de familiares, amigos y posibles aliados. La mejor manera de manejar o manejar la ira de los juicios es siempre explorar otras perspectivas en cualquier situación que estés. Esto proporciona información de una manera significativa.

Ira de molestias

Cuando piensas en la ira que se origina en cosas muy pequeñas o pequeñas, eso es lo que es la ira molesta. Es el tipo más común de ira, el tipo que todos experimentamos. La ira por la molestia generalmente se origina en las muchas frustraciones y factores estresantes de la vida diaria.

Es esa ira que sientes por tener que pasar un día entero con tu idiota en el trabajo, luchando para que tus hijos te escuchen, conversar en una discusión con tu pareja, etc. La lista de cosas que causan la ira de la molestia puede seguir y seguir.

Este tipo de ira también puede surgir de tu incapacidad para externalizar las palabras, opiniones y acciones de las personas hacia ti. Cuando te resulta imposible no verse afectado por lo que otras personas dicen o hacen, te dejas muy vulnerable a la ira.

Centrarse en los negativos es una de las razones por las que tantas personas experimentan tanto la ira de la molestia. Una cosa que siempre debes saber cómo ser humano es que la gente siempre tendrá lo bueno o lo malo que decir sobre ti, no importa lo duro que trates de moldear sus opiniones de ti.

Por lo tanto, lo mejor es tomar todo a paso y nunca tomar las cosas como algo personal. Lo que otras personas te dicen y te hacen puede simplemente ser considerado como una proyección de su realidad forzada.

Ira abrumadora

Esta es la ira incontrolable en su mejor momento; siempre obtiene lo mejor de ti sin importar lo duro que trates de reducirlo. La ira abrumadora es esa clase de ira que nunca pareces capaz de controlar. Siempre te encuentras sintiendolo, incluso cuando intentas no hacerlo.

La ira abrumadora generalmente surge como resultado de la frustración, la desesperanza y la impotencia. Se produce como resultado de la pérdida de tu sentido de control sobre la vida y cualquier situación que te encuentres.

A menudo se origina cuando tienes demasiada responsabilidad o cuando la vida se lanza con fuerza a ti inesperadamente. También ocurre cuando ya no eres capaz de lidiar con sentimientos de estrés y ansiedad.

El dolor y el trauma son algunas de las fuentes centrales de la ira abrumadora. Por lo general, es posible que no pueda identificar la fuente de su ira a pesar de esforzarse mucho. Simplemente te encuentras cediendo a la ira e incapaz de reducir la respuesta.

Cuando experimentas una ira abrumadora, lo ideal es encontrar a alguien con quien hablarlo. Sea lo que sea que sientas, asegúrate de hablar con alguien cercano o con un terapeuta profesional al respecto. La comunicación verbal y saludable suele ser la mejor salida para la ira abrumadora. Da un sentido de dirección y control, que falta.

Ira crónica

La ira se vuelve crónica cuando se vuelve continua, en última instancia destructiva, devastadora, afectiva y sin fin. La ira crónica es lo peor porque afecta tu salud y bienestar de maneras que ni siquiera puedes empezar a imaginar.

Por lo general se generaliza, con sentimientos de resentimiento, molestia y disgusto hacia los demás, incluso sin una razón plausible. También es ira hacia ti mismo; la ira crónica es interiorizada y externalizada, dependiendo de la situación o causa.

En lugar de ser una emoción, la ira crónica a menudo se convierte en un hábito. Se convierte en una parte de ti que no puede ser sacudida, pase lo que pase. Irritación habitual, molestia, disgusto y disgusto por las cosas más mínimas e incluso situaciones aparentemente felices.

La ira crónica generalmente se prolonga, por lo que tiene un efecto adverso en la salud y el bienestar físico, psicológico y emocional. Por lo general, requiere ayuda profesional.

Ira volátil

Muy similar a la ira crónica en términos de lo mal que te afecta, la ira volátil es el tipo explosivo de ira que siempre se origina de la nada. Esto ya es obvio a partir de la palabra "volátil", que significa "propenso a cambios repentinos o violencia".

Nunca se sabe cuándo te golpea. La mayoría de las veces, te encuentras enfadado con los más mínimos impulsos, incluso cuando la causa de la molestia es trivial. Lo divertido es que te encuentras calmando tan rápido como explotó cuando se trata de ira volátil.

El manejo de la ira volátil comienza con el dominio de los signos y síntomas fisiológicos, que preceden a una situación potencialmente volátil y aprenden a identificarlos. Luego, usas técnicas de relajación rápida para disminuir la ira cada vez que la sientes ascender.

A continuación, echemos un vistazo a los estilos de comunicación de ira. Tanto los tipos de ira como los estilos de comunicación no son mutuamente excluyentes porque se impactan mutuamente de alguna manera.

Estilos De Comunicación De Ira

Todo el mundo tiene un estilo de comunicación único para ellos. El estilo de comunicación no tiene que ver sólo con la ira, pero para el propósito de este libro, voy a estar hablando específicamente sobre los estilos comunes de comunicación de ira en los seres humanos.

El estilo de comunicación de la ira se refiere a cómo expresas sentimientos de ira cada vez que estás experimentando la emoción. Ten en cuenta que una persona puede tener diferentes estilos de comunicación para la ira, dependiendo de la causa y el contexto de la situación, sintiendo esa ira.

Es importante conocer los diferentes estilos de comunicación de la ira porque proporciona información que le permite saber cuándo está enojado. Algunos estilos de comunicación de la ira son tan sutiles que ni siquiera sabrás que es ira lo que estás experimentando.

Por lo tanto, una vez que conoces y tienes los medios para reconocerlo todo, se vuelve más fácil manejar la ira y controlar las emociones y el comportamiento que provoca. Voy a hablar de cinco estilos de comunicación de ira, que son;

- Estilo de ira asertiva
- Estilo de ira agresivo
- Estilo de ira pasiva
- Estilo de ira pasivo-agresivo
- Estilo proyectivo-agresivo

Estilo de ira asertiva

Los expertos han atestiguado que este es el estilo más constructivo de comunicación de la ira, y hay muchas cosas para complementar esta presentación. El estilo de comunicación asertiva es cuando la frustración, la ira y la ira te empujan para facilitar el cambio positivo.

Las personas con un estilo de comunicación asertivo expresan la ira al expresar los cambios necesarios en sus vidas o en todo el mundo, en lugar de interiorizar o expresar la ira verbal, física o violentamente.

Lo mejor de la ira asertiva es que se comunica sin ningún tipo de angustia o comportamiento destructivo. Por lo tanto, es la mejor y más saludable manera de expresar ira sin causar daño a sí mismo o a las personas que te rodean.

Usted puede utilizar el asertividad como una herramienta para la motivación y también usarlo para abordar los sentimientos subyacentes detrás de su ira. La asertividad hace que sea bastante fácil lidiar con la injusticia y también lograr lo que usted se proponga en la vida.

Estilo de ira agresivo

El estilo de comunicación agresivo de la ira es el tipo que la violencia acompaña. La ira, que se expresa agresivamente, siempre viene con hostilidad y fuerza. Por lo general, las personas con estilos de comunicación agresivos tienen la necesidad de tener el control de ciertas situaciones, otras personas y ellos mismos.

Esto se expresa a través de la manipulación y el cambio de culpa. La gente agresiva nunca toma un no como respuesta. Siempre encuentran maneras de hacer que otras personas se sometan a sus trucos al culparlos.

Este estilo de comunicación de la ira es comprensiblemente destructivo porque en su mayoría siempre resulta en violencia. La agresividad a menudo resulta en abuso emocional, físico y verbal para sujetos de ira.

Pero, los efectos son generalmente más devastadores para la persona que experimenta esa ira que para las personas que son el sujeto de la ira. La mejor manera de manejar este estilo de comunicación es perfeccionar sus habilidades de inteligencia emocional y también dominar el control sobre sus emociones. Es muy sencillo.

Estilo de ira pasiva

La comunicación pasiva de la ira tiene que ver con la internalización de la ira, sin expresarla nunca hacia afuera para que otros la vean. Este estilo de comunicación de ira en particular es bastante peligroso porque daña su bienestar a largo plazo.

Las personas que comunican la ira pasivamente tienen la habilidad de poner siempre a los demás en primer lugar sin considerar nunca sus propios sentimientos, pensamientos y necesidades. Un comunicador pasivo típico no le permitirá a una persona saber cuándo está enojado para evitar molestar a la otra parte.

Los humanos tienden a caminar sobre personas que nunca expresan cómo se sienten porque las ven como objetivos fáciles. Esto alimenta aún más la ira porque nadie quiere ser un walk-over, obviamente. A menudo conduce a una acumulación de resentimiento e insatisfacción.

La ira pasiva puede ser realmente perjudicial para ti. Daña su autoestima, confianza y, lo que es más importante, su salud y bienestar. Lo correcto para un comunicador pasivo es aprender y dominar cómo llegar a ser confiado y asertivo en la comunicación de sus pensamientos, sentimientos y opiniones.

Estilo de ira pasivo-agresivo

La agresividad pasiva es un estilo de comunicación bastante común entre muchas personas. De hecho, la mayoría de la gente ni siquiera sabe que se expresa la ira cuando son pasiva-agresivas. Esto se debe a que es un estilo de comunicación evitante.

Las personas actúan pasiva-agresivamente por la necesidad de comunicar sus sentimientos mientras evaden posibles confrontaciones, discusiones o peleas. Si eres una persona pasiva-agresiva, significa que siempre reprimes y niegas cualquier sentimiento de frustración, disgusto o ira para evitar entrar en una pelea.

Normalmente, este tipo de ira se comunica a través de otros medios como burlas veladas, sarcasmo, silencio puntiagudo e incluso verbalmente. A veces, también se expresa físicamente, es decir, una persona se entrega intencionalmente a la procrastinación crónica.

Lo interesante de la agresividad pasiva es que crees que estás comunicando tu ira pasivamente sin saber que realmente está siendo percibida o recibida como agresiva. Un estilo de comunicación pasivo-agresivo generalmente tiene efectos adversos en las relaciones que compartes con otros, ya sean personales o profesionales.

Estilo de ira   Proyectiva- agresiva

Por último, tenemos el estilo de comunicación de ira proyectiva-agresiva, que la mayoría de la gente tiende a confundir con el estilo de ira pasiva.

Una persona proyectiva-agresiva generalmente tiene miedo de poseer su ira o expresarla. Por lo tanto, proyectan sentimientos de ira y otras emociones relacionadas sobre los demás con el fin de conseguir que actúen o expresen su ira por ellos.

Por ejemplo, si usted es una persona con un estilo de ira proyectivo-agresivo y se mete en un argumento que induce la ira, que, por supuesto te enoja con otra persona, puedes decirle a esta persona que se ven enojados incluso cuando no lo parecen.

En realidad, esto es sólo usted tratando de proyectar su ira sobre esta persona para que puedan expresarlo en su lugar. En situaciones normales, decirle a una persona, parece enojada en medio de un argumento hostil puede hacer que se enoje.

Por supuesto, hay otros estilos de comunicación de la ira, pero muchas personas prefieren clasificarlos como tipos de ira en lugar de estilos de comunicación de la ira. Incluyen;

- Ira conductual: Esto también puede ser referido como ira física porque a menudo se expresa físicamente con el uso de la agresión.

- Ira de represalia: Si siempre te encuentras enviándote por venganza o represalias cuando alguien te ofende, entonces eres tú quien expresa tu ira volviendo a quien te ofende.

- Ira autoabusiva: Esta es también una forma de expresar la ira a través de la internalización. Por ejemplo, usted puede resultar en el uso de drogas y sustancias sólo para hacer saber a los demás que usted está enojado. Pero sólo te estás haciendo daño a ti mismo.

- Ira verbal: Por lo general se expresa a través de insultos, sarcasmo, etc. la ira verbal es el ejemplo perfecto de ira pasiva-agresiva.

Una de las razones por las que es importante que aprendas los diferentes estilos de comunicación de ira es para que puedas evitar el error de confundir uno por el otro.

Esto me lleva a la cuestión de la ira y la agresión. Es casi imposible hablar de estilos de ira o ira sin mencionar la agresión. Desafortunadamente, muchas personas a menudo confunden la ira por la agresión debido a lo estrechamente relacionadas que están ambas reacciones.

¡Así que, permítanme aclararles cuál es exactamente la diferencia entre la ira y la agresión! Le parecerá una lectura interesante.

Ira Y Agresión: ¿Cuál Es La Diferencia?

Para empezar, he conocido a tanta gente que siempre dice cosas como, "Oh, una persona enojada también es una persona agresiva", o "No puedes estar enojado sin ser agresivo". En primer lugar, puedes estar enojado sin ser agresivo, pero no puedes ser agresivo sin estar enojado porque la agresión proviene de la ira.

Lo primero que siempre digo a cualquiera que yuxtapone la ira y la agresión el uno por el otro es que la ira es una emoción, mientras que la agresión es un comportamiento. Realmente es tan simple como eso.

La ira es algo que sientes, mientras que la agresión es algo que actúas. Eres agresivo cuando expresas tu ira físicamente. También debes saber que la ira es la raíz de la agresión, así que, si eres agresivo, significa que hay sentimientos profundos de ira o algunas emociones primarias subyacentes a ese comportamiento en particular.

Hay muchas diferencias entre la ira y la agresión. Para empezar, la ira es una emoción normal y natural, mientras que la agresión no es normal. No es algo que todo el mundo experimenta; se origina en un lugar de dolor y dolor.

Todo el mundo se siente enojado de vez en cuando, incluso las personas más tranquilas. Sin embargo, las personas tratan de negar sentimientos de ira debido al estigma asociado con la ira. La idea es que cualquiera que se enoje es una persona 'mala', pero como ya he dicho, la ira es una emoción subjetiva.

Mientras que la ira es una reacción fisiológica normal a la amenaza o al peligro percibido, la agresión es una opción; algo que elijas hacer. El hecho de que te sientas enojado no te da motivos para volverte violento hacia los demás, pero algunas personas eligen comportarse así.

La agresión es un comportamiento que muchas personas eligen exhibir, conscientemente. Por ira, las personas agresivas tratan de intimidar a otros para que sucumban a sus necesidades, incluso si no quieren. Cuando actúas agresivamente, no estás reconociendo las necesidades de la otra parte, las estás intimidando para que acepten las tuyas.

Otra cosa es que la ira no es un problema como a la mayoría de la gente le gusta pensar, pero la agresión lo es. Sí, la ira podría ser un problema, pero en la naturaleza primaria, no es un problema. Sólo se convierte en un problema cuando actúas agresivamente o pasivamente agresivamente.

Como emoción necesaria, la ira es aceptable, pero la agresión no es porque sea un problema y que deba ser manejada. La ira se convierte en un problema cuando empiezas a exhibir comportamientos agresivos debido a ello. Las tendencias agresivas que vienen con la ira son lo que lo convierte en un problema potencial.

La agresión se reproduce de dos maneras: agresión instrumental y agresión receptiva. En el caso de la agresión instrumental, el objetivo no es causar daño al objeto de la ira, pero podría ser una consecuencia.

Por otro lado, la agresión receptiva o la agresión receptiva, como también se la llama, tiene el objetivo específico de causar daño con intención. Este tipo de agresión representa la hostilidad en la cima.

Una vez más, la ira es un estado fisiológico y emocional temporal resultante del dolor, el dolor, la decepción y la frustración. Pero la agresión es un problema de comportamiento regular, algo que sucede cada vez. Es un intento constante y regular de causar daño a otra persona o propiedad.

Conclusivamente, lo que quiero que te lleves de esto es que la ira y la agresión son dos cosas diferentes, incluso si a veces tendemos a confundirlas el uno con el otro. Una persona enojada puede ser agresiva, pero una persona agresiva está en un estado de ira perpetua o continua.

Ira Como Una Emocione Segunda

Dije desde el primer momento la ira es una emoción secundaria a pesar de que a menudo se considera como una emoción primaria. La verdad de esto es que la mayoría de las veces, siempre hay una emoción subyacente bajo sentimientos de ira. No sólo experimentas ira; experimentas ira debido a alguna otra emoción primaria como el miedo, la tristeza y el dolor.

Los seres humanos a menudo recurren a protegerse de las emociones dolorosas o hirientes disfrazándolas de ira. Esto es con el fin de evitar sentirse vulnerable. La ira es a menudo considerada como una emoción fuerte y poderosa, lo que hace que sea fácil para las personas, especialmente los hombres, expresarla más.

Las emociones primarias son aquellos sentimientos que experimentas instantáneamente en situaciones, lo que podría resultarles. A menudo se sienten inmediatamente, y las reacciones fisiológicas también son inmediatas.

Debido a que la ira es una de las emociones más fáciles de expresar, muchas personas siempre asumen que es primaria ya que siempre sucede muy rápidamente. Sin embargo, la ira es secundaria porque en su mayoría siempre sentimos algo antes de sentirnos enojados.

Por ejemplo, es posible que sientas miedo, ofensa, frustrado, presionado, atacado o irrespetado. Por lo tanto, si alguna de estas emociones viene con un cierto grado de intensidad, resulta en sentimientos de ira, o lo confunde como ira.

Digamos que alguien te insulta y critica tu trabajo destructivamente. Por supuesto, reaccionarías airadamente en una situación como esta, incluso si no expresas la ira externamente. En este tipo de situación, ¿crees que es realmente ira lo que sientes?

Sí, podrías sentirte enojado por esa situación, pero tu ira es sólo una emoción resultante. En primer lugar, debes haber sentido algo antes de sentir esa ira. Por ejemplo, es posible que te hayas sentido avergonzado, avergonzado o irrespetado.

Entonces, experimentas este sentimiento primario en forma de ira porque probablemente lo consideras débil o vulnerable. En este caso, la ira es una emoción secundaria, y la vergüenza es la emoción primaria.

Sepa que debe sentir cualquier emoción en particular primero antes de poder experimentar ira. La emoción principal que generalmente se identifica como detrás es el miedo. Esto es comprensible porque la "respuesta de lucha o vuelo" del cuerpo, que se activa cuando experimenta miedo también se habilita en la ira.

Cuando te encuentras constantemente enojado con todo y con todo el mundo, significa que hay una cierta cosa debajo de tu ira, escondiéndose, para que nunca lo experimentes. Esto puede deberse a que usted piensa que la emoción es demasiado dolorosa, débil o vergonzosa para expresarla.

Una cosa que me gusta decir es que la ira puede ser primaria y secundaria, aunque por lo general es más una emoción secundaria que una primaria. La ira puede ser primaria en el sentido de que todo depende del contexto de la ira.

Por ejemplo, si hay una situación en la que te encuentras con alguien que está siendo abusado o agredido en las calles, la probable emoción primaria que sentirías en ese tipo de situación es pura ira furiosa.

Por supuesto, este es un caso de injusticia, y sin duda te descontento, pero la cosa aquí es que la injusticia no es una emoción en sí misma. En este escenario, lo que se obtiene es una sensación instantánea de molestia, irritación o rabia, que constituyen lo que llamamos ira.

Una de las razones por las que creo que la ira suele ser una emoción sustitutiva para tantas personas es que encuentran incómodas las emociones primarias. Sin duda, nadie querría expresar una sensación con la que se siente muy incómodo.

Hay muchos factores que podrían ser responsables por esta razón de la que acabo de hablar. La primera es que las emociones primarias como el miedo, la vergüenza, la ansiedad, los celos y la envidia hacen que una persona se sienta vulnerable; también te hacen sentir como si no estuvieras en control de la situación.

Por lo tanto, recurren para expresar la ira, que es más fuerte, poderosa y mucho más fácil de controlar. De hecho, la ira da una sensación de control, que muchas emociones no dan.

Volviendo a ese ejemplo de ser insultado, los sentimientos vergonzosos pueden cambiar subconscientemente a la ira sin que tú lo sepas. Por lo tanto, significa que estás usando la ira como una herramienta secundaria para evitar ser vulnerable debido a la vergüenza.

Veamos otro ejemplo. Si conoces a una pareja que constantemente se mete en discusiones y peleas, puede parecer que hay serios sentimientos de ira involucrados en los conflictos. Pero, lo que es más importante, hay algo de miedo subyacente.

Una de las parejas puede tener miedo de ser abandonada, y esto puede conducir a la paranoia, que sirve como base para el drama y los argumentos. En una relación como esa, el miedo al abandono es lo que alimenta la ira. Por lo tanto, es la emoción primaria, mientras que la ira es secundaria.

Los hombres suelen ser los que expresan o experimentan la ira como una emoción secundaria principalmente debido a la creencia centrada en el género de que los hombres no deben expresar sentimientos débiles como la envidia, los celos, la vergüenza y otros.

En un capítulo posterior, voy a hablar más sobre cómo el género afecta la experiencia y la respuesta a la ira en hombres y mujeres.

Una última cosa que quiero que sepas es que a la mayoría de la gente le gusta pensar en la ira como una emoción primaria debido a lo reactivo que es. Probablemente no hay emoción tan reactiva como la ira porque las reacciones fisiológicas siempre vienen instantáneamente.

En muchas situaciones, usted encontrará que su cerebro ni siquiera ha terminado de identificar la emoción primaria antes de que automáticamente lo cambia a ira. Por lo tanto, muchas personas terminan creyendo que la ira es realmente lo que están sintiendo.

Como dije, hay diferentes emociones que podrían estar detrás de tu ira. Algunos de los sentimientos primarios más reconocidos detrás de la ira incluyen;

- Miedo: El sentimiento más reconocido detrás de la ira. Cuando percibes peligro o amenaza, lo que provoca miedo, puedes reaccionar con ira en lugar de ansiedad, dependiendo de la situación.

- Dolor: Los sentimientos de dolor, rechazo, abandono, crítica, etc. pueden manifestarse como ira para servir como un mecanismo defensivo o protector.

- Frustración: Este es un sentimiento común, generalmente detrás de la ira. Surge cuando tus expectativas o expectativas de los demás no se están cumpliendo, y sientes que te cansas. Puedes disfrazar el cansancio como ira.

- Injusticia: Finalmente, las personas tienden a enojarse debido a una violación de su código moral o el sentido del mal y del bien.

La mejor manera de poder contar la emoción debajo de tu ira cada vez que te sientas enfadado es perfeccionar y desarrollar tu sentido de autoconciencia. La autoconciencia significa ser consciente de todo lo que pasa contigo emocional, psicológica o fisiológicamente para que puedas identificar los signos de ira antes de que llegue sin ser invitado.

Capítulo 4

Cultura y Enojo

Desde el principio del libro, puede saquen recordar que dije que la ira es una emoción universal, pero también es subjetiva. El hecho de que la ira sea subjetiva significa que algo que te enoja puede no hacer lo mismo con otra persona en absoluto.

Una de las razones por las que la ira es una emoción tan subjetiva es la cultura. Por supuesto, es normal pensar que la ira y otras emociones son universales ya que cada cosa las experimenta. Sin embargo, la diferencia aquí es que ciertos factores a menudo influyen en la forma en que experimentas y reaccionas a la ira.

La cultura es un factor importante que influye en las reacciones emocionales y las respuestas a la ira. Otro factor importante es el género, que también es producto de influencias culturales, por cierto.

Varios estudios han proporcionado suficiente evidencia para demostrar que todo el mundo no reacciona a las emociones, incluida la ira, de la misma manera universalmente. La forma en que reaccionas a las emociones depende de la cultura en la que te criaste.

La causa de la ira, la intensidad, la duración y el estilo de comunicación de la ira que usas están influenciados por la cultura de la que vienes. Cómo la sociedad ve y juzga ciertas emociones como malas o buenas es lo que nos afecta y las reacciones que damos a estas emociones.

Durante mucho tiempo y después de muchos estudios, los investigadores han descubierto pruebas que demuestran que la forma en que se expresa la ira en las culturas europeas u occidentales está vinculada a un aumento de los riesgos para la salud. Curiosamente, la investigación también muestra que las culturas asiáticas y algunos otros tienden a expresar la ira de una manera que promueve la salud y el bienestar.

Esto significa que la ira no siempre está asociada con un mayor riesgo de salud, excepto que esto está influenciado por la cultura. Por lo tanto, mientras que la ira puede enfermar a un hombre estadounidense, puede, de hecho, mejorar la salud de una persona de Japón.

La ira y la cultura interactúan de muchas maneras. Tu cultura es lo que determina cómo interpretas los pensamientos y eventos negativos. Y, como ya sabes, tu expresión y reacción a la emoción están determinadas por tu interpretación de pensamientos y eventos negativos.

Además, la cultura es el juez de las reacciones emocionales, por lo que puede alterar cómo te percibes a ti mismo, a otras personas y al mundo en general.

La Asociación para la Ciencia Psicológica publicó un estudio recientemente. Según este estudio, las implicaciones de la ira no provienen de la ira en sí, sino de las circunstancias que provocan la ira.

En los Estados Unidos y otros países occidentales, la forma en que expresas la ira está influenciada por la forma en que experimentas eventos negativos. Pero en un lugar como Japón o Corea, lo que determina cómo expresan la ira es su percepción y sentimiento sobre sí mismos.

En Asia, si eres de una familia rica y sientes que tienes el poder de hacer lo que quieras, expresar ira es mucho más cómodo porque la sociedad reconocerá que realmente tienes el privilegio de hacer lo que quieras. Por lo tanto, es más probable que la ira tenga resultados positivos para usted.

Sin embargo, en un lugar como los Estados Unidos, donde la ira es constantemente juzgada como una emoción negativa, y es incómodo expresar ira sin importar de qué clase seas o la posición que tengas, es más probable que tengas efectos negativos cuando expresas ira.

Ciertos factores socioculturales contribuyen en gran manera a alterar el funcionamiento de los procesos biológicos humanos. Por lo tanto, si los occidentales dejan de juzgar la ira o la expresión de ira con menos dureza, podría mejorar la calidad de la salud cuando se expresa la ira.

En otras palabras, cuando tu cultura te hace sentir cómodo para expresar ira, es menos probable que te sientas mal por expresar esta emoción.

El estudio muestra además que la ira también se ve afectada por la forma en que la cultura percibe el individualismo. En las culturas occidentales de países como estados Unidos, el Reino Unido, etc. la unidad principal de la sociedad es el individuo.

La sociedad existe para defender el interés del individuo y también su bienestar. En occidente, se os anima a ser tú mismo, y también tienes la libertad de expresar tus sentimientos y opiniones para influir en los demás.

Por otro lado, las culturas orientales de países como Japón, Corea, China, etc. consideran al grupo como la unidad básica de la sociedad. Las culturas orientales esperan que la gente exprese sus sentimientos y opiniones mientras considera el interés del grupo. Esto es para promover la armonía en la sociedad.

En un lugar como los Estados Unidos o el Reino Unido, donde se pone mucho valor en el individualismo, el objetivo es que el individuo influya en los demás. En Japón o Corea, donde la armonía grupal se valora mucho más que el individualismo, se espera que ajuste sus sentimientos para ajustarse a lo que otros consideran aceptable.

La forma en que expresas la ira también afecta a las personas que te rodean. Los alienta o los desalienta de ti.

Algunas culturas influyen en las personas de una manera que sólo expresan o experimentan emociones que la sociedad espera que experimenten. La gente en los Estados Unidos expresa y reacciona a la ira con más fuerza que la japonesa porque la cultura promueve emociones intensas en busca y participación en actividades que promueven emociones fuertes como la ira.

Aprender acerca de la ira se expresa y reacciona en diferentes culturas puede ayudar a manejar la ira. Aunque pienses lo contrario, la ira no tiene que afectar negativamente tu salud física o emocional siempre y cuando aprendas a centrar la atención cuando sea necesario.

Género Y Ira

Si te hago una pregunta cómo, "¿Quién está más enojado entre hombres y mujeres?", ¿cuál sería tu respuesta? Probablemente vas a responder que los hombres a menudo están más enojados que las mujeres, como lo harían muchas otras personas.

Aunque puede parecer un estereotipo decir que los hombres se enojan más que las mujeres cuando ciertamente hay hombres que son generalmente tan tranquilos como el mar quieto, no es un estereotipo que los hombres realmente expresen ira más que las mujeres.

La sociedad ha hecho ira en una especie de emoción masculina. Por lo tanto, se siente normal cuando ves a un hombre expresar ira, pero aterrador cuando ves a una mujer hacer lo mismo. Por ejemplo, si eres un fan de la industria del Hip Hop, puedes tener una idea de lo que estoy hablando.

En la cultura pop, se considera el comportamiento del jefe cuando un músico masculino expresa ira, mientras que un músico femenino típico generalmente se considera amarga o enojado cuando expresa ira. Esto muestra que la ira se ha normalizado para los hombres, mientras que se considera una emoción tabú para las mujeres.

Por ejemplo, la superestrella del rap Nicki Minaj siempre está en los medios de comunicación por reaccionar airadamente a una situación desencadenante, mientras que alguien como Drake puede ser elogiado por expresar la misma emoción en el mismo tipo de situación.

Se ha establecido un estereotipo de que la ira es una emoción más aceptable en los hombres que en las mujeres. Esto puede parecer una visión obsoleta, pero no es sorprendente que se aplique a la mayoría de la población.

En las mujeres, la ira a menudo se etiqueta como "incivil y poco femenino" mientras que se etiqueta como "poderosa y dominante" en el sexo opuesto. En una familia, es probable que los padres enseñen al niño varón a ser expresivo y dominante mientras le amonestan a no llorar como un bebé.

Entonces, el chico crece con la creencia de que nunca debe ser emocionalmente débil. Por lo tanto, aprende a suprimir sentimientos como el miedo, la envidia y los celos mientras los sustituye de ira.

La diferenciación basada en el género entre hombres y mujeres es producto de la sociedad y no de la naturaleza.

Aquí hay una cosa interesante que usted debe saber: los estudios han desorientado la creencia de que los hombres son generalmente más enojados que las mujeres. De hecho, algunos estudios habían demostrado que las mujeres suelen estar más enojadas cuando se hacían comparaciones.

Sin embargo, los hombres se sienten más cómodos con expresar ira porque la sociedad la acepta. Por otro lado, las mujeres se sienten enojadas, pero rara vez lo expresan por cómo la sociedad lo ve. Las mujeres son más propensas a expresar ira pasiva-agresiva mente, mientras que los hombres son más agresivos con la ira.

El miedo, la vergüenza, la envidia, los celos y emociones similares se consideran emociones emasculantes. Esto hace que a los hombres les resulte difícil expresarlos. En cambio, recurren a la ira porque da un falso sentido de control, que es lo que muchas personas realmente luchan.

El punto es que no está bien etiquetar la ira como una emoción masculina o demás. La ira no es ni una emoción masculina ni femenina; es sólo una emoción.

No importa si eres un hombre o una mujer; tiene derecho a expresar seriamente la ira en cualquier situación necesaria. Tus emociones no son de nadie más que tuyas. Por lo tanto, usted debe ser el que decida si desea expresar la emoción o no.

No dejes que nadie te haga sentir que no debes enojarte porque eres una mujer. Además, nunca dejes que nadie te haga pensar que está bien expresar ira de todos modos y en cualquier lugar cada vez que estés enojado.

La idea es siempre saber que la ira está destinada a expresarse de maneras sanas y seguras. Nunca está bien expresar ira insalubre, pero es aún peor si decides suprimir e interiorizar la ira.

No importa lo que la sociedad acepte, el género no debería ser una herramienta para determinar si la ira es aceptable o no. Como una emoción natural necesaria para la supervivencia humana, es importante aceptar la ira como una emoción para todos y cualquier persona, independientemente del género.

Ira En Hijos Y Adolescentes

Como los humanos normales que son, los niños se enojan como todos los demás. Todos se enojan, así como los niños no debe sorprenderse de que un niño exprese ira cuando sea necesario. Sin embargo, algunos niños están en un estado perpetuo de ira.

Los niños también tienen problemas de ira. A un niño constantemente enojado le resulta difícil disfrutar de la vida. Usted encontraría a un niño como este entrando en peleas cuando juega con sus compañeros o hace algo que está destinado a ser divertido.

Los niños enojados también recurren a intimidar a otros con el fin de disfrazar su propia ira o posiblemente miedo. Muchos factores pueden afectar si un niño se enoja u hostil. Si no se frena desde la infancia, es probable que un niño enojado se convierta en un adulto enojado.

Por supuesto, está bien que los niños lancen berrinches de vez en cuando. Pero cuando los berrinches se vuelven excesivos y demasiado intensos, significa que el niño probablemente está lidiando con un problema de manejo de la ira.

Como padre, incluso a usted le puede resultar difícil entender la fuente de la ira de su hijo. A pesar de que muchos padres tratan de descartarlo como un comportamiento normal del niño, los padres siempre saben cuándo tienen un hijo problemático en sus manos.

A menudo, algunos padres también tratan de poner excusas para los problemas de conducta de la ira en sus hijos, afirmando que todo son tonterías de los niños. Hay padres que concluyen que ceder a cada demanda hecha por un niño es la manera de manejar los berrinches temperamentales, pero esto no es así.

Otros padres también se engañan a sí mismos haciéndose creer que el comportamiento del niño es normal. Tratan de hacer que parezca apropiado que un niño se desahogue y actúe agresivamente porque el niño simplemente está "expresando" sus emociones. Esto sucede aún más con los niños varones.

Si bien es cierto que se debe permitir que los niños se expresen para enseñarles asertividad en la comunicación de sus emociones, un padre nunca debe ignorar la posibilidad de que su hijo tenga un problema de ira.

Pero, también hay padres que genuinamente no pueden decir cuando la ira se ha descontrolado en un problema. No tienen idea de si el comportamiento de sus hijos es normal o problemático. Pero esto no importa.

El deber de un padre es ayudar a su hijo a aprender las mejores y más saludables maneras de expresar sus emociones sin recurrir a berrinches u otras tendencias agresivas.

Como padre, hay señales a tener en cuenta si usted quiere saber si su hijo tiene un problema de ira. La primera señal es ver si el niño tiene una mala relación con sus amigos y otros. De vez en cuando, es normal que un niño golpee a otro o les llame nombres.

Sin embargo, si esto se convierte en una ocurrencia constante, y comienza a evitar que su hijo tenga relaciones sólidas y saludables con otras personas, usted puede tener un hijo enojado en su mano. Asegúrese de abordar el problema inmediatamente.

Si usted no hace esto, tal niño puede crecer, encontrando difícil construir y mantener relaciones saludables y a largo plazo con otras personas.

Si usted nota u observa que el comportamiento problemático de su hijo está empezando a interferir con la vida familiar, puede estar señalando un posible problema de ira en el niño. Nadie en la familia debe tener que caminar sobre cáscaras de huevo alrededor de un niño en particular en la familia.

Significa que hay un problema en algún lugar si alguien en la familia tiene que hacer esto. Sin duda, esto podría tener un impacto importante en las relaciones en la familia; no es saludable ni apropiado para ningún miembro de la familia.

Usted no debería tener que ceder a las demandas de un niño con el fin de manejar el problema; sólo hará que el problema sea más difícil, ya que es sólo una solución temporal. El niño puede empeorar aún más su comportamiento.

Aún peor, otros miembros de la familia pueden volverse resentidos con el niño. Si el comportamiento de su hijo lo está haciendo perderse actividades importantes y uno a uno, podría significar que hay un problema en su mano para abordar.

Algunos niños comienzan a ser agresivos desde muy poca edad. Para estos niños, la agresión es una herramienta para salirse con la suya con lo que hacen o hacer que sus padres satisfagan sus demandas. Un niño nunca usaría la agresión como herramienta a menos que el niño tenga un problema de ira.

Normalmente, la agresión siempre debe ser la última opción para cualquiera. Sin embargo, los niños con problemas de ira a menudo de lo normal porque utilizan esto como un mecanismo de defensa.

Si a su hijo le resulta difícil resolver problemas, resolver argumentos o buscar ayuda de otros, el niño puede estar usando la agresión como un mecanismo de defensa, y usted necesita corregirlo tan pronto como usted lo observe.

¿Alguna vez has visto a un niño de 12 años lanzar un berrinche temperamental, y se siente extraño? Algunos berrinches simplemente no son apropiados para la edad en ciertos niños. Puede ser normal que un niño de 3 años le den un ataque, pero seguro que no es aceptable en un niño de 10 años.

Cuanto más viejo se hace un niño, más disminuye el nivel y la frecuencia de las crisis y berrinches. Si usted nota que los berrinches temperamentales de su hijo están empeorando en lugar de mejorar, es un puntero que el niño tiene un problema en la regulación de sus emociones. Por lo tanto, necesita aprender mejor.

Por último, tener un bajo nivel de tolerancia para situaciones frustrantes es otra señal a tener en cuenta si desea saber si un niño tiene un problema de ira. A medida que un niño madura, él o ella debe ser capaz de desarrollar un mayor nivel de tolerancia.

Vigile a su hijo y observe si tiende a frustrarse rápidamente cuando las cosas no van a su manera. Por ejemplo, si rompe su papel cada vez que comete un error en su asignación escolar. Esto significa que el niño necesita aprender a desarrollar una mayor tolerancia.

La ira suele ser aún peor cuando un niño crece hasta convertirse en un adolescente. La ira adolescente es un problema real. Los años de la adolescencia vienen con hormonas furiosas que hacen que las emociones sean más difíciles de manejar.

Los adolescentes se enojan por una variedad de razones, y expresan esa ira de diferentes maneras. Pero, la única cosa común con toda la ira adolescente es que nunca saben cómo manejar o controlar esa ira y el dolor que viene con ella.

Un adolescente que no tiene idea de cómo manejar o lidiar con su problema de ira puede actuar impulsivamente sobre los sentimientos, sin tener que pensar en el hecho de que la ira podría ponerlo a él o a otras personas en riesgo.

Para los adolescentes, los sentimientos de dolor, frustración e infelicidad suelen ser las emociones que están por debajo de su ira. En el intento de evitar estas emociones, un adolescente generalmente recurre a la ira debido a la sensación de control que da.

Lo que debes saber si tienes un adolescente enojado es que la ira no es el problema. Como ya aprendiste en el libro, la ira es una respuesta emocional normal y apropiada a ciertos sentimientos, por lo que esto no lo convierte en un problema.

El problema es la incapacidad de un adolescente para hacer frente a la emoción es el problema aquí. Al igual que los niños pequeños lanzan berrinches temperamentales cuando son infelices, los adolescentes también tratan de lidiar con emociones similares proyectándolas agresivamente sobre otras personas o situaciones.

Para ayudar a un adolescente que lucha con la ira, usted debe ayudarlos a aprender a reconocer la ira y encontrar maneras más constructivas y saludables de lidiar con la ira. Los padres pueden hacer mucho para ayudar a un adolescente enojado a lidiar con la ira.

A medida que avancemos en el libro, voy a aclarar más sobre cómo se puede ayudar a los niños y adolescentes a manejar su ira con éxito.

Capítulo 5

Manejo de la ira

Para muchas personas, el manejo de la ira es la capacidad de controlar los sentimientos de ira cada vez que la experimentas. Pero, lo que esta gente no sabe es que el manejo de la ira es mucho más que eso.

El manejo de la ira, en su totalidad, se refiere a la capacidad de identificar, reconocer y manejar los síntomas inminentes de la ira con el fin de tomar las medidas necesarias para expresar la ira productivamente. Controlar la ira no se trata sólo de mantener la ira o evitar que expreses ira.

La ira es una emoción sana y productiva, una emoción que debes aprender a expresar adecuada y saludablemente. Esto es exactamente lo que aprendes con el manejo de la ira.

Usted puede pensar lo contrario, pero el manejo de la ira es realmente bastante fácil de aprender. Es fácil aprender siempre y cuando estés dispuesto a desarrollar las habilidades necesarias para ayudar a lidiar con esos sentimientos de ira.

Las habilidades de manejo de la ira se pueden aprender individualmente con la ayuda de libros, recursos y otros materiales. Libros como este y otros recursos le ayudarán si sigue la información como debería. Pero, esto es sólo si su manejo de la ira está en un rango moderado.

Si su ira es intensa y demasiado poderosa, lo mejor es ir a clase profesional de manejo de la ira o terapia profesional para aprender eficazmente a manejar su ira.

La ira es un problema de la vejez, y el manejo de la ira se remonta a miles de años. Muchas figuras notables han contribuido al manejo de la ira desde el momento. Algunas de estas personas incluyen el médico griego Aelius Galenus, el filósofo romano Lucio Annaeus Seneca, y Francisco de Assissi.

Todas estas personas son figuras prominentes que contribuyeron al desarrollo del manejo de la ira. En la era moderna, algunos otros psicólogos capacitados como Raymond Novaco, Howard Kassinove y Peter Stearns también hicieron contribuciones importantes al desarrollo de la terapia de manejo de la ira y las clases para las personas que lo necesitan.

El objetivo del manejo de la ira es ayudar a las personas a reconocer los signos fisiológicos y emocionales que acompañan la acumulación de ira para que pueda tomar medidas productivas para calmar la ira.

Con el manejo de la ira, puedes entender que no estás destinado a mantener la ira. Más bien, estás destinado a expresarlo de la mejor manera posible. Es importante aprender el manejo de la ira si te resulta difícil lidiar con tu ira.

¿Por qué es esto? El manejo de la ira te enseña a reconocer y resolver frustraciones y otras emociones que desencadenan tu ira para ayudarte a mantener el control mientras expresas tus necesidades.

Muchas personas no creen o piensan que necesitan controlar la ira incluso cuando saben completamente que su ira está fuera de control. Esto puede deberse a que crecieron pensando en la ira como una emoción que debe expresarse de ciertas maneras.

También puede deberse a que la ira es un comportamiento aprendido. Hay personas que, debido a su infancia, creen que los estallidos de ira son muy normales y vitales para que las relaciones personales y profesionales prosperen.

De hecho, una vez conocí a una mujer llamada Joanna, que creía que la ira era una parte necesaria del mundo. Según Joanna, creció viendo a sus padres discutir, pelear y maquinarse todos los días. A veces, los argumentos condujeron a un asalto físico, pero siempre se informaban de todos modos.

Esto hizo que Joanna creciera, creyendo que era normal que las parejas lucharan en sus relaciones. Por lo tanto, cada relación en la que se metió siempre trató de instigar peleas y drama, pero por supuesto, las relaciones generalmente terminaba muy mal.

Joanna estaba confundida acerca de por qué sus relaciones sufrían ya que nunca parecía que sus padres sufrieran o algo así. Después de todo, siempre terminaban resolviendo los conflictos. Para

Joanna, la ira se había convertido en un problema aprendido, y siempre se sentía insegura si su pareja no estaba peleando con ella o enojándose por cualquier razón.

Tuve que hacer entender a Joanna el hecho de que no es normal luchar todo el tiempo en una relación. Por supuesto, las parejas siempre tendrían uno o más problemas que conducen a conflictos, pero nadie debería sentirse incómodo sólo porque su pareja no quiere entrar en una discusión o una pelea.

No importa cuál sea la razón de tu ira o si crees que necesitas el manejo de la ira o no, hay maneras de que digas si necesitas un manejo profesional de la ira. Lo son;

- Incapacidad regular para contener tu ira

- Patrones de pensamiento negativo persistentes e interpretación extraña de experiencias y eventos negativos.

- Sentimientos habituales de molestia, irritación, impaciencia, disgusto y hostilidad infundada.

- Tendencias agresivas ocasionales o regulares con violencia física.

- Amenazas de abuso o violencia contra la propiedad u otras personas.

- Los comportamientos imprudentes y problemáticos se deben a la ira.

- Comportamiento evitante debido a la ansiedad o infelicidad por sus arrebatos de ira.

¿Cómo funciona Ira Management?

El manejo de la ira funciona de una manera definida y directa, usando un conjunto claro de pautas que debe seguir para la recuperación. Como alguien con un problema de ira, usted es tratado en un ambiente controlado que proporciona espacio para la liberación de todas sus emociones.

A pesar de esta libertad de expresarse como desee, el objetivo del manejo de la ira es ayudarle a aprender a dar reacciones constructivas a estas emociones, en lugar de destructivas. Cuando vas a recibir terapia para el manejo de la ira, especialmente, tu terapeuta entrenado te alienta a identificar el desencadenante de tu ira.

En otras palabras, se te enseña a tomar conciencia de tus emociones y a ser consciente de cómo se eleva a cada estado de excitación. Cuando aprendes esto, se vuelve bastante fácil dominar los signos que acompañan a la ira para que puedas controlarlos y, en última instancia, controlar la ira.

En la terapia, se le da una idea de cómo reacciona su cuerpo a eventos pasados, presentes y futuros. Esto se logra enseñándole a reconocer la reacción emocional relacionada con un evento o circunstancia en particular.

El terapeuta también te ayudaría a reconocer las respuestas a la ira, que pueden servir como un mecanismo protector o defensivo contra otros problemas. Estos problemas podrían incluir ansiedad, depresión y otros trastornos de salud mental como el trastorno obsesivo compulsivo.

El manejo de la ira realmente puede ser un largo camino en la solución de la mayoría de sus problemas. Por ejemplo, si su red social ha estado sufriendo debido a su problema de ira, puede construirla de nuevo después de aprender el manejo de la ira.

Esto no es todo. Dado que la ira no solo te afecta a ti, el manejo de la ira es una forma de ayudar a las personas más cercanas a ti y a las incluidas en tu red social también. Una incapacidad para controlar la ira puede tener consecuencias psicológicas y físicas importantes para ti y las personas que te rodean.

El manejo de la ira te enseña a controlar la ira para que puedas evitar estas consecuencias desastrosas. Al ir para el manejo de la ira, también está manejando inadvertidamente el estrés. Esto reduce la posibilidad de que tengas algún problema de salud, como enfermedades cardíacas, aumento de la presión arterial y similares.

Al aprender el manejo de la ira o ir a la terapia de manejo de la ira, puedes aprender formas más positivas, optimistas y productivas de interpretar cualquier situación, ya sea positiva o negativa.

Si el nivel de tu ira es demasiado intenso para que trates de manejarlo por tu cuenta usando los recursos apropiados y vayas a terapia para el manejo de la ira, hay una serie de cosas que puedes esperar en las clases.

En primer lugar, el manejo de la ira puede tener lugar individualmente o en grupos. Las clases de manejo de la ira abordan ciertos problemas de ira, que podrían ir desde las relaciones hasta la ira relacionada con el trabajo. La terapia suele ser continua.

Las clases siempre vienen con tareas y ejercicios en casa para que usted participe. La tarea y los ejercicios complementan las estrategias y técnicas que se están aprendiendo, la clase. También le dan la oportunidad de practicar lo que se está aprendiendo en la terapia por su cuenta.

Para que el manejo de la ira tenga éxito, aquí hay dos cosas clave en las que debe sumergirse por completo.

Clases: Al principio, puede parecer extraño y tal vez intimidante incluso para asistir a una clase de manejo de la ira, pero recuerde que es algo que debe hacer. En tus clases, aprenderás habilidades importantes para tu vida para ayudarte a tomar el control de tu vida.

Las clases de manejo de la ira son para ti, siempre y cuando tu objetivo sea tener un mejor control de tu ira.

• Currículo: Hay varios planes de estudio utilizados en las clases de manejo de la ira. Sin embargo, la mayor parte del plan de estudios generalmente se traza en función de las estrategias de Terapia Cognitiva Conductual (TCC).

La TCC es una de las psicoterapias líderes para tratar una serie de problemas, incluidos los problemas de control de la ira. Se trata de enseñar a los participantes cómo ser conscientes de los signos que apuntan a un estallido de ira inminente.

La terapia cognitivo-conductual emplea el uso de una serie de estrategias y técnicas de relajación, que tienen como objetivo cambiar los patrones de pensamiento negativo con el fin de cambiar el comportamiento.

El concepto de TCC es que nuestros sentimientos y comportamientos están influenciados por nuestros pensamientos. Por lo tanto, cuando aprendes a hacer que tu patrón de pensamiento sea positivo, también aprendes a cambiar los sentimientos y comportamientos que están siendo influenciados. Aprenderá más sobre la terapia cognitiva conductual en un capítulo posterior.

Pasos en el manejo de la ira

El primer paso en el manejo de la ira es reconocer los desencadenantes y signos (físicos y emocionales) que vienen antes de un estallido de ira. Esta es la base del aprendizaje del control de la ira.

Primero, tendrás que hacer una lista de los factores estresantes que desencadenan o agravan tu ira. Esto podría ser frustración con sus hijos o un compañero, problemas financieros o un empleador mandón en el trabajo. Además, reconoce los signos físicos de cuando la ira está subiendo.

Esto puede ser un corazón acelerado, un sueño deficiente o mandíbulas apretadas y apretar el puño. Algunos signos emocionales también incluyen la necesidad de gritar a alguien o la sensación de que estás sosteniendo algo que realmente quieres decir.

A continuación, aprendes a manejar los factores que te hacen propenso a la ira. Por ejemplo, puede empezar a dormir más para evitar sentirse malhumorado e irritable.

Además, se le enseñará a identificar y reconocer las situaciones que es probable que marquen su tiempo libre para que pueda prepararse de antemano y reaccionar de manera no violenta / no agresiva. Y lo que es más importante, podrás saber cuándo no estás pensando racionalmente para corregir tu pensamiento.

Después de esto, también aprenderás habilidades importantes que pueden ser útiles cuando una situación te amenaza con hacerte enojar.

El manejo de la ira puede ser muy ventajoso. Una vez que haya terminado con todas las etapas involucradas en la terapia de manejo de la ira, usted será capaz de;

- Cálmese cuando sea necesario utilizando técnicas de relajación.

- Expresa tus sentimientos y necesidades de manera asertiva incluso en situaciones que te hacen potencialmente enojado.

- Concéntrese en resolver el problema en desencadenar situaciones en lugar de gastar esa energía en estar enojado.

- Utilice el estilo de comunicación más eficaz para dar a conocer sus sentimientos y resolver problemas.

Hay tantos beneficios de ir para el manejo de la ira.

En primer lugar, puede aprender a comunicar sus necesidades de manera efectiva con el manejo de la ira. Usted es capaz de hablar de las cosas que le molestan en lugar de expresarlas con ira. La capacidad de expresarse eficazmente ayuda a evitar los comportamientos impulsivos.

Esto significa que puedes evitar hacer cosas de las que luego te arrepentirías, como gritarle a un ser querido, arrojar palabras hirientes, actuar agresivamente hacia otra persona y muchas otras cosas. Por supuesto, esto hace que sea más fácil construir y mantener relaciones positivas.

Otro beneficio del manejo de la ira es que mejora su salud. Como dije, la ira puede tener efectos devastadores en tu salud, así que cuando aprendes a manejarla, estás mejorando tu salud.

El manejo de la ira también ayuda a prevenir posibles problemas psicológicos y sociales. Estos incluyen depresión, ansiedad, problemas relacionados con el trabajo y relaciones problemáticas.

Un beneficio del manejo de la ira, que personalmente encuentro interesante y útil, es que te enseña a usar la frustración para cuidar de las cosas. Naturalmente, la ira hace que el pensamiento lógico sea casi imposible, si no imposible.

Para evitar esto, en su lugar puede usar la frustración y la ira como una fuerza motivadora para participar en actividades productivas y hacer cosas importantes.

Aprender a controlar la ira también te ayuda a evitar recurrir a escapes adictivos para combatir la ira. Algunas personas generalmente recurren a las drogas, el alcohol y otras sustancias para suprimir los sentimientos de ira. Para evitar esto, las técnicas de manejo de la ira que aprendas te enseñarán a mantener la calma y a cargo de tus emociones, sin el equipaje extra.

¿Como Crear Su Plan De Manejo De Ira?

Un plan de manejo de la ira es tan esencial porque hace que la terapia de manejo de la ira sea mucho más fácil. Aprender a controlar tu ira con un plan de manejo de la ira en su lugar ayuda porque te ayuda a aprender más rápido y mejor.

Por lo general, un plan de manejo de la ira debe incluir los objetivos que usted apunta a lograr al ir para el manejo de la ira. Por supuesto, el objetivo principal es aprender a controlar mejor la ira, pero puedes hacer que tu plan sea mucho más específico.

Crear un plan de manejo de la ira es muy fácil siempre y cuando usted ponga su mente en él. Si necesita ayuda para controlar su ira, aquí están los pasos necesarios a seguir;

• **Identifique sus objetivos en detalles:** Esto es lo primero que debe hacer. Asegúrese de no presentar su objetivo en un amplio rango; lo hacen muy específico en términos de comportamientos y reacciones. Por ejemplo: en lugar de decir, "Quiero dejar de enojarme", di algo como, "Quiero dejar de enojarme cuando me critican.

Además, mide tu progreso usando un período de tiempo identificado y específico. Si tu primer objetivo es dejar de enojarte cuando te critican, ¿cómo lo mides? Considere si usted sería capaz de tomar la crítica y alejarse cuando llegue.

Lo que es más importante, asegúrate de estimar cuánto te llevaría dominar el arte de mantener la calma cada vez que la crítica llegue a tu camino.

Un objetivo típico se verá como: Dentro del rango de seis semanas, quiero dejar de enojarme cuando me critican.

• Detener el juego de **la culpa:** Un plan no tiene que ser escrito para ser un plan; también se puede poner en cuenta. Otra cosa a incluir en su plan es la decisión de dejar de culpar a otros por sus reacciones y comportamientos de ira.

Culpar a los demás por tus comportamientos no hace mucho bien porque no te hace menos enojado. La autoculpa es aún peor porque aumenta los sentimientos de resentimiento y enojo, lo que sólo complica la situación.

Asumir la responsabilidad de sus emociones, reacciones y comportamientos en su totalidad como usted debe siempre que las cosas no van a su manera.

- Practicar técnicas de **relajación:** Por último, incluyendo ejercicios de calma y relajación en su plan también es muy importante. Aprende técnicas y ejercicios importantes para calmarte cada vez que estés enojado y asegúrate de participar en la práctica regular para perfeccionar aún más tus habilidades.

La respiración profunda, la relajación muscular progresiva, las imágenes guiadas, la visualización y otros son algunos de los ejercicios de relajación que se deben incluir en tu plan. Te contaré más sobre cómo practicar cada uno de estos ejercicios para controlar mejor la ira.

Por último, asegúrate de hablar con personas importantes y relevantes a medida que avanzas en tu plan. Hablar con las personas adecuadas puede llegar mucho en la búsqueda de aprender el manejo y el control de la ira.

Construir un sistema de apoyo fuerte es esencial porque te da la vía para desahogarte y dejar salir tus sentimientos siempre que lo tengas, a través de una comunicación abierta y honesta. Con quien elijas discutir tus sentimientos, asegúrate de que sea alguien en quien confíes y que tengas una relación saludable.

Siempre puedes aprender a expresar tus sentimientos y necesidades sin recurrir a la ira como herramienta para expresar emociones.

Capítulo 6

Técnicas para el manejo de la ira: Guía de 10 pasos

Este libro se titula "Guía de 10 pasos para dominar tus emociones" por una razón, y esa razón es lo que estás a punto de descubrir.

En este capítulo, mi objetivo es compartir los diez pasos prácticos que siempre comparto con cualquiera que quiera aprender a controlar su ira. Este capítulo va a ser muy práctico porque contiene pasos reales para que usted tome en el control de su ira.

Los diez pasos que se les dará, de hecho, han sido probados una y otra vez por la investigación basada en la ciencia para realmente trabajar para el manejo de la ira.

Aprender a manejar la ira puede ser difícil y fácil, dependiendo de cuánto trabajo pongas. Puede ser difícil en el sentido de que le resultará bastante difícil empezar a utilizar cada uno de los pasos de los que hablaremos.

Los hábitos son difíciles de cambiar, y si tu hábito es siempre hacer un gran negocio con los problemas más triviales, será difícil dejar de hacer esto y reemplazarlo con una forma más saludable y beneficiosa de comportarse en ciertas situaciones.

Por otro lado, también puede ser fácil en el sentido de que todas las guías de 10 pasos que voy a compartir con usted son cosas que son bastante directas y directas. Usted puede incorporarlos fácilmente a su estilo de vida con el fin de facilitar el cambio positivo que tanto deseo.

Por lo tanto, vamos a descubrir las diez estrategias importantes en el aprendizaje de la gestión de la ira!

1. Identifique sus disparadores

Probablemente ya suene cliché, pero este es el primer paso crucial para aprender el manejo de la ira. Si usted está en el hábito de tictac y explosión en la gente como una bomba de tiempo, es el momento de examinarse a sí mismo y tomar una nota mental y física de las cosas que te hacen garrapata.

La ira es inmediata, por lo que siempre tiendes a moverte inmediatamente de un gatillo a la reacción. Esto hace que sea difícil incluso conocer el gatillo responsable de la ira. Cualquier cosa puede ser un detonante para tu ira.

Podría ser una crítica de su jefe en el trabajo, el parloteo incesante de los niños mientras usted está tratando de concentrarse en algo importante, una tarea difícil de la escuela, o una solicitud de sus padres para hacer algo mientras usted está inmerso en algo totalmente diferente.

La clave es saber lo que desencadena tu ira y luego encontrar una manera de dejar de dejar que esa cosa te active. El desencadenante puede ser una persona, un objeto o ciertas situaciones. Ten en cuenta que identificar los desencadenantes no significa culpar a otras personas por tu ira. No es lo mismo.

El objetivo es entender por qué esa cosa es un detonante para que puedas trabajar en cómo hacer que deje de hacerte perder la calma.

Una de las maneras de conocer tus desencadenantes es calmarte y observar cómo responde tu cuerpo cada vez que estás en una situación que potencialmente podría desencadenar sentimientos de ira en ti. Claro, es posible que no seas capaz de reconocer la ira, pero puedes reconocer los signos que vienen junto con la ira.

Incluso en las clases de manejo de la ira, aprenderás que la autoconciencia es una herramienta vital para la supervivencia. Y, nada deletrea la autoconciencia más que la capacidad de reconocer lo que te hace sentir de cierta manera y lo que no.

Para lidiar con el problema de los desencadenantes, comience por estructurar su día de una manera que gestione el estrés sin problemas. Además, siempre me involucro en técnicas de manejo rápido de la ira antes de que encuentres situaciones que sabes que son angustiosas para ti. Esto aumenta la longitud del fusible y garantiza que un encuentro de ese gatillo no te haga apagar.

2. *Conocer la ira*

Conoce tu ira. ¿Cómo sabes exactamente tu ira? Bueno, deberías ser capaz de decir si la ira que sientes alzarse en ti es un amigo o un enemigo cuando sientes que la ira se eleva.

A veces, ayuda a asegurarse de saber qué tipo de ira está sintiendo antes de tomar medidas para calmarse y evitar una reacción. Algo de ira es muy necesario y crucial para expresar, aunque saludablemente.

Si usted es testigo de que un compañero es abusado por el derecho de un ser humano y se siente enojándose, esto significa que la situación y las circunstancias no son saludables, por lo que esta ira está justificada. La ira está justificada porque la situación es injusta, y la injusticia está destinada a hacerte enojar.

En lugar de calmarte a ti mismo o usar cualquier técnica para cambiar tu estado emocional en esa situación, lo que necesitas hacer es canalizar ese estado emocional de una manera que ayude y aborde la situación a la que te enfrentas.

Por otro lado, si te metes en una discusión con alguien y la persona dice algo para herir tu ego, lo que te enoja, es posible que tengas que hacer un chequeo rápido. Si la ira te está empujando a arremetiendo contra la persona o te está haciendo sentir incómodo, entonces sabes que la ira es un enemigo.

En este caso, significa que usted debe hacer lo que sea necesario para cambiar su estado emocional para que pueda abordar el problema con un enfoque más tranquilo.

Conocer tu ira significa ser capaz de entender el contexto de la situación en la que estás, de dónde viene tu ira y si la ira te está presionando para que reacciones de manera negativa o no. Esto será bastante fácil una vez que aprendas el lugar desde el que se origina realmente la ira.

3. *Retroceder de la ira*

Si examinas la ira que estás experimentando, y entiendes que es una que está presionando por una reacción negativa, significa que el siguiente paso es dar un paso atrás de la situación y la ira.

Esta es indiscutiblemente una de las mejores maneras de responder a los desencadenantes de la ira. Hacer esto te da el tiempo que necesitas para reconocer cómo se está acumulando la ira para que puedas pensar clara y lógicamente antes de reaccionar.

Si no haces esto, será bastante fácil para la ira o la frustración acumularse más rápido de lo que puedes controlar, y antes de que te des cuenta, la ira puede volverse física y destructiva.

Dar un paso atrás de la ira detiene la acumulación de su ira con el fin de disminuir la intensidad. Alejarse de la ira comienza con alejarse de la situación alimentando la ira. Siempre ayuda a tomar un descanso.

Si te metes en una acalorada discusión, deja la conversación. Si la reunión está cada vez más caliente de lo que puede manejar y siente que está a punto de explotar, haga una excusa y salga de la reunión por un tiempo.

Un tiempo fuera es a veces lo que su cerebro necesita para registrar la situación y pensar clara y racionalmente acerca de lo que está sucediendo.

Desafortunadamente, la mayoría de las personas no saben cómo alejarse de una situación cada vez que se enojan. En lugar de dar un paso atrás, sienten que es más fácil y más dominante presionar la situación y lanzar un ataque,

La ira suele ser tan intensa que los deja ciegos a ciertos comportamientos constructivos que pueden elegir una respuesta en su lugar. La capacidad de alejarse de la ira y una situación desencadenante comienzan desde el autocontrol.

Por lo tanto, tendría que trabajar en mejorar su autocontrol para poder alejarse o alejarse de situaciones que lo hacen enojar.

4. Elija su reacción

Lo que la mayoría de la gente generalmente no se da cuenta es que siempre hay una opción que tomar cuando reaccionan a la ira. Siempre le diré a quien quiera escuchar que las decisiones que tomes son lo que define el tipo de ira que expresas.

La ira en sí misma es sólo ira; se vuelve destructiva o constructiva dependiendo del tipo de reacción con la que respondas. Tu reacción a la ira es siempre una decisión que haces a ti mismo, y el objetivo es empezar a tomar mejores decisiones cuando estás enojado.

Este paso en particular es bastante fácil de hacer, pero nunca funcionará si no incorporas los tres primeros pasos. Aprenderás a elegir tu reacción solo después de conocer tu gatillo, conocer tu ira y dar un paso atrás de esa ira para que puedas analizar la situación de forma lógica.

Retroceder de la ira le da la vía para elegir su reacción con más cuidado. Una vez que retrocedas, lo pienses y veas las posibles consecuencias de reaccionar de cierta manera, puedes reaccionar de una manera más apropiada.

Para elegir la reacción correcta, debes aprender a deshacerte de ese impulso de culpar a otra persona por tu ira. Culpar a otra persona o a una situación es sólo una forma de convertirse en la víctima en su situación.

Una cosa que debes saber es que no hay una sola buena opción para reaccionar a la ira. La decisión que tomes debe ser subjetiva a una serie de factores como la causa de la ira, la emoción que crees que está debajo de la ira, tu interpretación de la situación después de haber dado un paso atrás y analizar lógicamente la situación y un número de otros factores.

Examine la situación cuidadosamente y determine la reacción correcta para que usted pueda hacer. Nadie puede elegir su reacción por usted porque nadie tiene la capacidad de entender su ira como usted puede.

5. *Ejercicio*

Por supuesto, la conversación nunca sería completa cuando se habla de cualquier cosa relacionada con la salud mental o emocional sin la mención del ejercicio. ¿por qué? Porque el ejercicio es un tratamiento general para casi cualquier cosa. Pero no lo sabrás hasta que lo intentes por todo.

La ira le da a tu cuerpo una avalancha de energía que necesita ser utilizada. Esta fiebre de energía es generalmente lo que te empuja a reaccionar de ciertas maneras, que terminas lamentando. Cuando eliges tu reacción, una de las mejores maneras de poner la energía a usar, para que no te consuma, es participar en actividades que requieren que seas móvil.

Ya sea un paseo rápido por la calle, limpieza completa de su hogar, o una visita rápida al gimnasio, hay más de una manera a través de la cual se puede poner la energía a buen uso y deshacerse de la tensión adicional en su cuerpo.

Los ejercicios regulares te ayudan a descomprimirte, es decir, deshacerte de la presión y el estrés. Recuerde que la ira a veces es producto del estrés. Por lo tanto, cuando haces ejercicio para deshacerte del estrés y la presión, también estás poniendo la ira a raya.

Ciertas actividades y ejercicios aeróbicos disminuyen tu nivel de estrés, lo que a su vez mejora tu nivel de tolerancia para que puedas lidiar mejor con la ira y la frustración.

Sin tener que hacer ejercicio literalmente como correr, trotar o participar en otros ejercicios aeróbicos. En este contexto, hacer ejercicio significa hacer cualquier cosa que requiera mover tu cuerpo, sudar un poco y quemar algunas calorías o tensiones innecesarias en el cuerpo.

Los beneficios de hacer ejercicio son numerosos, como mucha investigación científica ha señalado. Desde aumentar tu estado de ánimo hasta mejorar tu bienestar general, hay muchas cosas que puedes ganar al participar en actividades de tareas. Entonces, ¿por qué no tomas esa bicicleta y te mueves por la calle la próxima vez que alguien en casa te enoje?

6. Cambie su percepción

Tu percepción de ti mismo y del mundo en general juega un papel importante en la forma en que interpretas y reaccionas a las emociones. Entonces, ¿qué compone tu percepción?

Tu percepción se refiere a tus pensamientos y a la interpretación que das a estos pensamientos. Los pensamientos negativos alimentan sentimientos negativos y reacciones negativas. Por lo tanto, cuando piensas enojado, te sientes enojado y actúas enojado.

En una circunstancia enojada, si sigues pensando en algo como "No puedo soportar esto", o "No soporto lo que está diciendo", mientras la otra persona está hablando, estás obligado a enojarte y posiblemente reaccionar de una manera que puedas terminar arrepintiéndote.

Algunos pensamientos aumentan la frustración, y esto, a su vez, aumenta la ira. Cuando piensas en cosas que alimentan la ira, entonces definitivamente te sentirás más enojado.

De hecho, la idea detrás de la terapia cognitivo-conductual que se emplea como una estrategia para el manejo de la ira es la creencia de que los pensamientos influyen en los sentimientos y el comportamiento. Por lo tanto, si fomentas un patrón de pensamiento negativo en tu mente, te vas a encontrar teniendo más emociones negativas y reaccionando sobre todo de maneras negativas a las emociones.

Si su percepción de su lugar de trabajo es que sus colegas están fuera para conseguirlo y están haciendo intencionalmente cosas para hacerte enojar, te encontrarás enojado más veces de lo que lo haces de una normal.

Esto se debe a que tu mente está engañando a tu cerebro haciéndote creer que tus pensamientos son verdaderos, y de hecho hay una amenaza percibida de peligro. Por lo tanto, su cerebro activa la respuesta de "lucha o huida", lo que le pone en un estado de enojo.

Lo único que puedes hacer es cambiar tu percepción y reenmarcar tus pensamientos cada vez que te encuentres pensando en cosas que podrían alimentar tu ira. Por ejemplo, si alguien te está criticando y tienes un pensamiento como "Esta persona no tiene derecho a decirme esto. Soy mejor que él", intenta cambiar tus pensamientos por algo así como, "Esta es la opinión de esta persona de mí. Soy mejor que eso, y él se dará cuenta de que a medida que pasa el tiempo.

Otro ángulo para cambiar tu percepción es evitar ese patrón de pensamiento de rumiación. Pensar una y otra vez sobre una situación perturbadora incluso después de que la situación haya terminado sólo te hará agravar tus sentimientos de ira.

Por ejemplo, si te metes en una pelea con tu colega en el trabajo, pensar en el evento a medida que regresas a casa puede enojarte hasta un punto en el que sacas la ira de tus seres queridos en casa.

Lo que puede hacer para evitar rumiar sobre una mala situación es cambiar el canal en su cabeza. La mejor manera de cambiar el canal en tu mente es conseguir algo enérgico haciendo mientras estás enojado, algo para ocupar tu mente y ahuyentar los pensamientos.

7. *Pescar el sentimiento subyacente*

Como ya aprendiste, la ira es una emoción secundaria. Siempre hay una emoción oculta o no identificada detrás de la ira. Por lo tanto, para manejar la ira con eficacia, comience a aprender a pescar el sentimiento encubierto detrás de su ira.

El dolor, el dolor, la envidia, los celos, la desilusión, la infelicidad y el disgusto son algunos de los sentimientos que podrían estar disfrazados en forma de ira para evitar la vulnerabilidad. La ira a veces se utiliza como una máscara para cubrir estos sentimientos.

Una vez que aprendes a identificar los sentimientos subyacentes, será más fácil controlar tu ira. Tal vez te estés preguntando cómo. Cuando tratas directamente con el sentimiento principal detrás de la ira en lugar de la ira misma, significa que estás abordando el problema desde la raíz.

Y, ¿sabes lo que dicen acerca de abordar un problema desde la raíz? Hace que encontrar una solución sea mucho más rápido. Por lo tanto, siempre asegúrese de saber la emoción principal con la que está tratando, para que pueda abordar esa emoción directamente y manejar la ira mucho más rápido.

Comience reconociendo, reconociendo y etiquetando estas emociones primarias antes de tomar medidas sobre cómo enfrentarlas.

8. Buscar una solución

El manejo de la ira nunca será eficaz para usted si no aprende a buscar la solución a cualquier situación en la que se encuentre. En lugar de rumiar y concentrarte en lo que te enojó, usa ese tiempo y energía para encontrar soluciones factibles a la causa de tu ira.

Buscar soluciones también significa trabajar para resolver el argumento o conflicto sobre el terreno. Digamos que el estrés es la principal causa de estallidos de ira en tu vida, y quieres manejar esa ira siendo alimentada por el estrés.

Ahora, identifica y reconoce el hecho de que su habitación desordenada es el mayor factor de estrés que alimenta su ira. La solución aquí es limpiar cada pedacito de su habitación hasta un punto en el que ya no le haga sentir cansado o estresado.

Una vez hecho esto, la habitación dejaría de ser un estresante, y tu ira definitivamente se reduciría.

Otro lado de buscar una solución es hablar de tus sentimientos con un amigo cercano y de confianza. Un sistema de apoyo sólido puede ayudar mucho a una persona que está aprendiendo a manejar la ira.

Asegúrate de que la persona con la que compartes tus pensamientos y sentimientos sea alguien que pueda calmarte cada vez que la ira esté volando. Tenga en cuenta que hablar en este contexto no significa ventilar o quejarse con esta persona.

Simplemente significa hablar de sus necesidades, sentimientos y pensamientos de la manera más saludable y más tranquila posible mientras esta persona escucha. Además, ten en cuenta que la persona no tiene que tener una solución o consejo para ti.

Simplemente hablar con quienquiera que sea despejará tu mente y te dará un control sobre tus emociones para que puedas decidir qué sigue con una cabeza clara y una mente aguda.

Lo que es más importante, asegúrese de que lo está utilizando como una vía activa para encontrar una solución al hablar con un amigo de confianza. Piense y busque soluciones incluso cuando deje saber sus sentimientos y necesidades.

9. Participar en una sesión de actividades de recompensa

En este contexto, las actividades gratificantes se refieren a las cosas que hacen que tu mente se sienta a gusto mientras que también hace que tu cuerpo se sienta bien. Algunas personas a veces se refieren a las drogas, el alcohol y el abuso de sustancias para combatir la ira. Por supuesto, estas actividades también suenan gratificantes, pero ¿son realmente gratificantes?

Cuando digo gratificante, me refiero a hacer cosas por las que tu cuerpo está destinado a apreciarte. Duerme más, come mejor comida, haz más ejercicio y practica algunos ejercicios de relajación mientras estás en ello.

Hay varias técnicas de relajación por ahí para que usted pueda probar. Lo único es encontrar uno que sea adecuado y mejor para ti. Ciertos ejercicios de respiración y técnicas de visualización realmente pueden ayudar a reducir la tensión mientras beneficia a su cuerpo y mente.

La mejor parte de estos ejercicios es que la mayoría de ellos se pueden realizar con bastante facilidad y discreción. Por lo tanto, si alguna vez se mete en una discusión acalorada en una reunión, todo lo que necesita hacer es salir por un tiempo y participar rápidamente en un ejercicio de imágenes guiadas de 2 minutos para traer de vuelta su mente a la calma.

El tipo de comida que comes también tiene un gran impacto en tu estado de ánimo, sentimientos y bienestar general. Coma solo alimentos que tengan la nutrición necesaria para su cuerpo, mente y cerebro.

Por último, duerme lo suficiente como la ciencia dice que deberías. Las ocho horas de sueño para que todos se detengan en un día son 8. Asegúrate de no estar saltando una hora de sueño porque tu cuerpo realmente lo requiere.

Buena comida, mejor sueño, y un poco de ejercicio puede ser todo lo que necesita para obtener esos sentimientos en control y bajo su radar.

10. Perdonar

Aprende a perdonarte a ti mismo y a perdonar a los demás mientras estás en ello. La ira nunca se generaliza; por lo general tiene un objetivo específico al que se dirige. Si su ira está dirigida a una persona, objeto o situación en particular, es hora de dejar ir esa ira y perdonar a quien sea esta persona.

El perdón libera ira para que no te lastime más o arruine tu vida. La amargura y los rencores son dos de las muchas caras de la ira.

Por lo general, están relacionados con alguna herida o dolor del pasado, que es posible que se haya negado a dejar ir. La amargura alimenta la ira más que otras emociones. He visto personas que no pensaron que estaban enojados ya que nunca experimentaron rabia.

Desconocido para ellos, el dolor, la frustración y todo lo demás se están canalizando directamente hacia la amargura en lugar de la ira.

Entonces, esta amargura se transforma en ira interiorizada. Si guardas rencor, no estás lastimando a nadie más que a ti mismo.

No guardes rencor ni permitas que la amargura se agudiza en tu mente. Perdona a todos los que te han hecho daño para que tu mente pueda vivir en paz. No interiorice la ira porque no afecta a la persona con la que está enojado o hace que la ira desaparezca.

Si entras en un malentendido con alguien y dicen algo hiriente, hágales saber inmediatamente. Hable sobre el tema; dirección. Si no lo abordas inmediatamente, crecerá y se convertirá en algo mucho peor.

No lo guarde sin ella ni deje que crezca el resentimiento. Comunicarse y hablar sobre sus necesidades y sentimientos es importante. Pero, recuerde que es aún más importante dejar ir el dolor del pasado y evitar ser incierto del futuro.

La ira puede servirle a un propósito particular. Algunas personas tienen arrebatos enojados sólo para conseguir que otros cedan a sus demandas. Utilizan la ira como herramienta para la manipulación. Otros piensan que la ira agresiva es una manera de hacerle saber a alguien que se toman en serio algo.

Aunque la agresión puede tender a sus necesidades en el presente, por lo general viene con grandes consecuencias a largo plazo que terminan siendo más grandes que usted. Por lo tanto, es muy importante que sigas la guía de 10 pasos para manejar tu ira de manera efectiva.

Nota: ¿Sabes lo que es un kit de calma? Hemos detectado un problema desconocido.

Si usted es alguien que se enoja fácilmente debido al estrés y tiende a eliminar la ira en las personas más cercanas a usted, la creación de un kit de calma puede ayudar a que sus estrategias de manejo de la ira funcionen más eficazmente.

Para crear un kit de calma, necesitas pensar en objetos que puedas usar para involucrar tus sentidos. Puedes cambiar fácilmente tu estado emocional cuando ves, miras, oyes, hueles y tocas cosas que se están calmando.

Por ejemplo, puede hacer un kit con loción de manos perfumada, una foto del mar quieto o un paisaje sereno, su sabor favorito dulce, y un libro sobre meditación. También podrías incluir música tranquilizadora o audio en ejercicios de respiración.

Simplemente haz que tu kit de calma sea portátil para que puedas hacer uso de él cada vez que te encuentres enojado en cualquier circunstancia o situación.

Técnicas De Reducción De Estrés Y Ansiedad

Ya no es noticia para ti que el estrés y la ansiedad son algunas de las principales causas de ira, ¿verdad? De hecho, probablemente no hay nada que alimente la ira más que el estrés y la ansiedad. Ambas emociones activan la respuesta de "lucha o huida", que te avisa del peligro y te mantiene en un estado de ira.

Por lo tanto, aprender a aliviar el estrés y la ansiedad puede ser muy útil para su viaje de manejo de la ira. Esta es la razón por la que voy a dar brevemente consejos sobre cómo se puede lograr el estrés y el alivio de la ansiedad con el fin de manejar la ira.

Meditación

Nada es más calmante para el cuerpo que una sesión de meditación rápida cuando te sientes abrumado por el estrés y la ansiedad. Unos minutos de práctica de meditación todos los días pueden ayudar a aliviar el estrés y la ansiedad.

Las investigaciones han demostrado que practicar la meditación diariamente podría alterar las vías neuronales en el cerebro, haciendo que su cuerpo más tolerancia al estrés.

La meditación es bastante fácil de hacer. Simplemente siéntate derecho sobre la silla o una estera con los dos pies tocando el suelo. Cierre los ojos. Coloca tu concentración al cantar una afirmación positiva mientras tus ojos están cerrados.

Concéntrese en su respiración, también, colocando su mano sobre su vientre para sincronizar su respiración. Evita concentrarte en los pensamientos de tu cabeza. Sólo concéntrate en las afirmaciones positivas que estás recitando y en tu respiración.

Escaneo corporal

Esta es una mezcla de respiración profunda y relajación muscular progresiva. Comience por tomar respiraciones largas y profundas lentamente. Concéntrate en respirar para que tu mente se desprenda de los pensamientos y sentimientos que distraen.

Después de unos minutos de respiración profunda, concéntrate en la parte del cuerpo mentalmente, y libera cualquier tensión que sientas allí con tu mente.

Una exploración corporal puede ser muy útil para aumentar tu conciencia de la conexión entre tu mente y tu cuerpo.

Esta técnica es muy útil si una parte particular de su cuerpo le está causando dolor o dolor. Ayuda a abordar el dolor en esa parte en particular.

Sintonice su cuerpo

Haz que sea un hábito sintonizar siempre con tu cuerpo después de un largo día de estrés. Sintonizar el cuerpo significa escanear tu cuerpo cada día para ver cómo se ha visto afectado por el estrés.

Siéntese derecho con los pies en el suelo o acuéstese boca arriba. Comienza concentrándote en tus pies y camina hasta el cuero cabelludo mientras notas cada sensación en tu cuerpo.

Sea consciente de donde quiera que sienta tensión sin intentar corregir nada. Durante un minuto o para imaginar sus respiraciones profundas fluyendo a cada parte del cuerpo, usted está enfocado en.

Repita hasta que haya terminado con cada parte de su cuerpo.

Yoga, Tai Chi y Qigong

No sabes lo que te estás perdiendo si nunca has tenido una sesión de ninguna de estas tres artes antiguas. Yoga, Tai Chi y Qigong combinan una serie de movimientos con respiración rítmica.

Esto le permite la oportunidad de concentrarse mentalmente y distraer su mente de ciertos pensamientos. Los tres también ayudan a mejorar el equilibrio, la flexibilidad y la movilidad.

Sin embargo, pueden ser realmente desafiantes para alguien que no ha estado físicamente activo en un tiempo. Asegúrese de consultar con su médico antes de empezar.

Capítulo 7

Ejercicios de Manejo de la Ira

Un libro sobre el manejo de la ira estará incompleto sin un capítulo exclusivo para entrenarte sobre cómo participar en diferentes ejercicios de manejo de la ira para ayudarte a enfrentar mejor la ira, el estrés, la ansiedad y la depresión.

Voy a estar hablando sólo acerca de los cinco ejercicios más eficaces para calmar y relajar su mente para que pueda manejar la ira mucho mejor de lo que normalmente lo hace. Estos son;

- Ejercicios de respiración
- Relajación muscular progresiva
- Imágenes guiadas
- Visualización creativa
- Meditación mindfulness

La única cosa común con todos estos ejercicios es que tienen como objetivo calmar la mente, relajar el cuerpo y deshacerse de pensamientos abrumadores y negativos. Hablemos de cada técnica una por una y cómo se puede practicar.

Ejercicios de respiración

En la terapia profesional de manejo de la ira, usted será entrenado en la práctica del ejercicio de respiración. Los ejercicios de respiración son muy eficaces para controlar el estrés, la ansiedad y la ira. Hay diferentes ejercicios de respiración en los que puede participar, pero estaremos mirando tres que realmente podrían ayudarle.

- **Respiración profunda:** Este es un ejercicio de respiración particular que es eficaz para liberar tensión y proporcionar alivio a su cuerpo y calma a su mente. También se conoce como respiración del vientre o respiración diafragmática.

La respiración profunda reduce la presión arterial y relaja los músculos tensos. Entonces, ¿cómo se realiza la respiración profunda, es bastante simple.

En primer lugar, encontrar un lugar tranquilo y cómodo para este ejercicio. Asegúrate de que sea un lugar donde no puedas distraerte. Siéntate derecho en el suelo mientras mantienes los pies en el suelo. Asegúrate de cerrar los ojos.

A continuación, pon una mano en el vientre con la otra en el pecho para que puedas seguir la respiración. Primero, respira normalmente. Entonces, toma una respiración profunda larga y lenta. Use la nariz para respirar lentamente y observe a medida que el estómago se hincha debajo de la mano.

Por un segundo, mantenga la respiración y haga una pausa. Luego, exhala lentamente a través de tu mente. Una vez más, preste atención a su estómago mientras se desinfló bajo su mano de nuevo.

Haz esto una y otra vez hasta que tengas un ritmo calmante.

Continúa haciendo esto hasta 10 minutos hasta que te sientas completamente relajado, y la tensión/estrés esté fuera de tu cuerpo.

Lo que es más importante, asegúrate de prestar atención a las múltiples sensaciones que tu cuerpo trae al inhalar y exhalar.

- **Enfoque de respiración:** Este es un ejercicio de respiración que combina el uso de imágenes con la respiración. También puede centrarse en una determinada palabra o frase en su lugar. Asegúrate de que sea una palabra/frase que traiga una sonrisa para hacer tu cara y te haga sentir relajado.

En primer lugar, encontrar un lugar tranquilo donde puede sentarse o acostarse cómodamente sin distracciones.

Comience respirando suavemente y llevando su conciencia a sus respiraciones. No intente cambiar su ritmo respiratorio.

Cambie entre respiraciones regulares y profundas de vez en cuando. Observe la diferencia entre la respiración regular y la respiración profunda. Observe cómo su vientre se expande con la respiración profunda.

Pon una mano en el ombligo para que puedas observar las sensaciones en el estómago mientras respiras. Participa en la respiración profunda por unos momentos y deja que salgan un fuerte suspiro cada vez que exhales.

Cada vez que respires, concéntrate en tu palabra, frase o imagen elegida, que representa la calma y la relajación.

Las imágenes que imaginas podrían ser del aire que estás inhalando y exhalando lavando la tensión en tu cuerpo. También puede elegir una frase como "Absorber la paz y la calma".

• Respiración labial **frutilla:** Una técnica de respiración muy simple destinada a ralentizar el ritmo de respiración. Todo lo que necesitas hacer es poner esfuerzo deliberado en cada respiración que tomas hasta que tu mente ya no esté corriendo, y ya no estés respirando más rápido de lo normal.

Lo mejor de la respiración de labios fruncidos es que puedes practicarla en cualquier momento. Para ser muy bueno en la respiración de labios fruncidos, debe practicar al menos cuatro veces al día hasta que domine el patrón de respiración.

Para empezar, primero relaja los hombros y el cuello. Asegúrese de que la boca esté cerrada y luego inhale lentamente a través de la nariz dos veces.

Asegúrate de que tus labios estén fruncidos mientras respiras por la nariz. Ahora, exhala el aire a través de tus labios fruncidos en cada cuenta de 4.

Haz esto todo el tiempo que puedas hasta que te sientas aliviado del estrés, y tu respiración vuelva a la normalidad.

Relajación muscular progresiva

Una vez más, esta técnica ayuda a controlar la ira al aliviar el estrés y la tensión en el cuerpo. También funciona si tienes dolor o dolor persistente cuando te sientes estresado. La tensión muscular es una respuesta que el cuerpo da cada vez que estás estresado y tenso. Esto podría resultar en sentimientos de ira. Por lo tanto, la relajación muscular progresiva ayuda a aliviar la tensión muscular para prevenir la ira.

Esta técnica funciona tensando un grupo de músculos a medida que inhalas y luego los relaja a medida que exhalas. Funciona en grupos musculares siguiendo un cierto orden. Cuanto más practiques la relajación muscular progresiva, mejor serás.

Usted puede comenzar con el uso de una grabación de audio con el fin de ayudar a su memorización de los grupos musculares. Una vez que conozcas los grupos musculares, puedes hacer todo por tu cuenta. Lo mejor de este método es que también ayuda a mejorar el sueño. Por lo tanto, es realmente eficaz en todo caso.

Para practicar la relajación muscular progresiva, siga estos pasos;

- Encuentra un lugar tranquilo y tranquilo donde nadie te pueda molestar ni nada. Asegúrese de que es un lugar donde puede acostarse cómodamente en su espalda y estirarse sin obstáculos. Por ejemplo, puede practicar en un suelo alfombrado.

- Respira lentamente y tensa tu primer grupo muscular duro durante unos 10 segundos. Trate de no tensar el grupo muscular hasta el punto de dolor, sin embargo.

- Ahora, exhala de repente, y libera la tensión en el grupo muscular. Hazlo de repente, y no gradualmente para hacer que el efecto sea inmediato.

- Relájate durante 20 segundos antes de pasar a tu próximo grupo muscular. Observa la diferencia entre la sensación de los músculos cuando están tensos y cuando están relajados.

- Cuando haya terminado con todos los grupos musculares, cuente de 5 a 1 para devolver su conciencia al presente.

Grupo Muscular

Qué hacer

Frente

Apriete los músculos durante 15 segundos, luego suelte y relájese durante 30 segundos o más.

Cuello y hombros

Encoge los hombros elevándolos hacia las orejas y quédate así durante 15 segundos. Luego, suéltese y relájese durante 30 segundos.

Mandíbula

Tenlos rompiendo en una sonrisa muy amplia. Hazlo lo más ancho posible. Haz esto durante 15 segundos antes de soltarte y cálmate durante otros 30 segundos.

Brazos y mano

Poco a poco, junta las manos y apriétalas en los puños. Tire de los puños hacia el pecho mientras aprieta lo más fuerte posible. Suelte después de 15 segundos y relájese durante 30 segundos antes de seguir adelante.

Nalgas

Apriete las nalgas firmemente juntas en una posición tensa. Haga esto durante 20 segundos y luego suelte la tensión. Relájate durante unos segundos antes de pasar al siguiente músculo.

Piernas

Riza los dedos mientras los señala hacia la cara. Entonces, aléjalos de tu cara. Lentamente, aumenta la tensión durante unos 15 segundos mientras aprietas los músculos tan fuertes como puedas. Libere la tensión después de 15 segundos y sienta que se derrite.

Pies

Aumenta la tensión en los pies y los dedos de los pies rizándolos hacia arriba y hacia abajo. tener los músculos muy apretados, a continuación, liberar la retención en el grupo muscular. Respira de manera equilibrada a medida que libera sesión de tensión.

Saborea los sentimientos de relajación que barre a través de tu cuerpo a medida que terminas con todos los grupos musculares. Tenga en cuenta que siempre es útil para preceder la relajación muscular progresiva con un ejercicio de respiración profunda rápida que pone su cuerpo en orden.

Imágenes guiadas

Las imágenes guiadas son un ejercicio que combina centrarse en los cinco sentidos para activar sensaciones positivas en todo el cuerpo y la mente. Muchas personas confunden las imágenes guiadas para la visualización, pero de alguna manera son diferentes.

Ambas técnicas implican el uso de la imaginación con tus cinco sentidos, pero la diferencia es que las imágenes guiadas han establecido imágenes mentales a seguir. Las imágenes son premeditadas y guiadas. Por otro lado, la visualización es creativa. Tienes la opción de crear cualquier imaginería que quieras en tu mente, siempre y cuando sea algo que te haga sentir tranquilo y relajado.

Sin embargo, esto no quiere decir que la visualización no se pueda guiar también; puede ser guiado o no guiado. Pero las imágenes guiadas siempre son guiadas. Se dirige con el uso de audio, vídeo o script escrito.

Con las imágenes guiadas, usas tu vista, sonido, olor, sabor y tacto para crear imágenes en tu mente, que tu cuerpo siente que son tan reales como los eventos reales. Sin embargo, la acción no tiene lugar en el cuerpo; lo hace en mente, usando la visualización mental. Pero la sensación entra en tu cuerpo.

En primer lugar, usted debe saber que las imágenes guiadas generalmente implican cualquiera de estas tres imágenes: una playa tropical, olas relajantes del océano, o el sol cálido. Pero, si crees que hay una escena imaginada mucho mejor para ti, entonces haz uso de esa escena imaginada en tu práctica.

La escena no es tan importante como sumergirse plenamente en la imaginación con el uso de su vista, olor y sonido para llevarse al destino imaginado.

Siga estos pasos para practicar imágenes guiadas utilizando una escena imaginada de la playa tropical;

- Encuentra un lugar cómodo para la práctica. Asegúrate de que este lugar sea tranquilo, tranquilo y sin perturbaciones que puedan sacarte de tu imaginación. Acuéstese en el suelo o siéntate en una silla reclinable.

- Deshágase de cualquier ropa ajustada y quite cualquier lente o contacto.

- Coloque ambas manos sobre el regazo o en el brazo de la silla en la que está sentado.

- Antes de comenzar a visualizar, participe en la respiración profunda del vientre durante algunos minutos. Esto es para calmar tu mente para que puedas encontrar más fácil visualizar lo que quieras.

- Una vez que se sienta relajado, cierre los ojos. Ahora, imagínate en una playa sin nadie más, preferiblemente una aislada. Visualiza arena blanca suave a tu alrededor.

- Imagínese las aguas cristalinas de la playa y un cielo sin nubes con la brisa soplando suavemente detrás de usted.

- Mantén los ojos cerrados mientras imaginas esta hermosa escena en tu mente.

- Es hora de usar su sentido del olfato y el oído. Inhala lentamente y saborea el aroma de las aguas y las flores tropicales. Escuchar los sonidos de las olas del mar rodando suavemente sobre el condado como algunas aves cantando en las palmeras.

- Siente el calor de la arena debajo de tus pies y el sol en tu piel. Imagina el sabor de una bebida tropical relajante en tu mente. No te imagines esto. Asegúrese de que también está degustando, oliendo, tocando y degustando la escena. Siente las flores en tus dedos.

- Observa los sentimientos de calma y relajación que ahora sientes y deja que se extienda por todo tu cuerpo. Disfruta de la sensación que trae por todo tu cuerpo, de la cabeza a los dedos de los ojos. Quédate en tu escena imaginada todo el tiempo que quieras.

- Una vez que te sientas lo suficientemente tranquilo y relajado, lentamente vuelve al presente contando de 10 a 1. Luego, abre los ojos y disfruta de tu entorno. Seguramente, sentirá que un estado de calma ha reemplazado cualquier estrés, ansiedad o ira que estaba sintiendo antes.

- Trabaja para que este estado de calma dure durante el resto de tu día.

Si le resulta difícil practicar imágenes guiadas mediante un script escrito, puede considerar el uso de una grabación de audio que dé instrucciones sobre cómo practicar imágenes guiadas. Esto le ayudará a relajarse completamente mientras se concentra en las técnicas.

Visualización creativa

Cuando se piensa en la visualización, ¿qué viene a la mente? ¿Sólo piensa en conjurar ciertas imágenes y boom; ¿Estás bien como si fuera magia? ¿O es otra cosa?

Bueno, la visualización es algo más que imágenes mentalmente conjuradas. Debes estar dispuesto a concentrarte y comprometer tus sentidos. No se trata sólo de ver fotos en tu mente. Hay más de una manera de visualizar, pero voy a estar hablando de dos ejercicios que puedes probar.

La meditación y la visualización son muy diferentes, aunque algunas personas tienden a pensar que son iguales. La visualización es una forma de meditación, pero es algo más que meditación. Al practicar la visualización, recuerde siempre que es algo más que simplemente ver imágenes en su cabeza.

La visualización es más eficaz cuando se convierte en una actividad multisensorial. También tienes que ser lo suficientemente creativo como para imaginar algo que realmente tenga un calmante y relajante en ti. Por lo tanto, aquí hay dos ejercicios de visualización que puede practicar.

- Ejercicio de visualización de **velas:** Esto implica la visualización con una vela.

Cierra suavemente los ojos. Visualiza que cuando los abres, hay una vela encendida frente a ti. Ponga detalles importantes como el tamaño de la vela y el tipo de vela que es.

¿Es pesado? ¿Cuánto de la vela queda encendida? ¿Es una vela recién encendida, o está casi hasta la base?

¿La vela está lejos de ti, o está cerca, dentro de la longitud del brazo? A medida que visualice, asegúrese de esforzarse por abordar cada detalle menor.

Para cuando haya terminado de visualizar el tipo de vela que es, todo el estrés y la tensión en su cuerpo debe haberse evaporado.

Otra cosa es encender una vela antes de iniciar la visualización. Mira a la vela y luego cierra los ojos. Usted sentirá la sensación de la vela ardiente incluso cuando sus ojos están cerrados.

• Ejercicio de visualización de **Apple:** El ejercicio de la vela es sólo el aspecto visual de la visualización. Cuanto más lo practiques, mejor podrás crear los detalles de tu vela e incluso hacer tu propia llama.

Una vez que hayas dominado esto, da un paso más y encarna tus otros sentidos. Comienza visualizando una manzana.

Usa tu sentido del tacto para sentir la cáscara de la manzana y luego imagínate tomando un bocado de la manzana. Fíjate en el sabor de tu boca. Sube un poco de muesca sintiendo que la manzana viaja por tu cuerpo.

Meditación mindfulness

La meditación mindfulness es una especie de meditación que ha sido probada por varios estudios para ser de inmenso beneficio para la mente y el cuerpo. Es una especie de entrenamiento mental que te enseña a la autoconciencia al enfocar tu mente en tus experiencias, emociones, pensamientos y sensaciones en el presente.

La práctica de mindfulness puede combinar ejercicios de respiración con visualización, imágenes y relajación muscular.

Esta meditación en particular ayuda mucho con el manejo de la ira porque te entrena para tomar conciencia de tus emociones, incluyendo la ira antes de que salten sobre ti. También te enseña a enfocarte en el presente sin pensar en el pasado o en el futuro y también a aceptar todo sin juicio.

Algunos de los beneficios de la atención plena, que ha sido probado por la ciencia, son;

• La conciencia plena mejora el bienestar. Practicar la atención plena en un día tiene un gran impacto positivo en su bienestar. Estar consciente del presente y mantenerse basado en él hace que sea imposible quedar atrapado en los remordimientos por su pasado o incertidumbres sobre el futuro.

Es probable que las personas que meditan regularmente estén más preocupadas por el éxito y tengan una autoestima saludable.

También les resulta fácil crear relaciones profundas y significativas con otras personas.

Promueve la salud física y emocional. En más de una manera, mindfulness se ha demostrado para mejorar la salud física mediante el alivio del estrés y la ansiedad, bajar la presión arterial, reducir el dolor crónico, y mejorar el sueño.

Mindfulness también mejora la salud mental y emocional al ayudarle a tratar problemas de salud mental como depresión, adicción, trastornos sociales, trastornos de ansiedad, ira, y trastorno obsesivo compulsivo cuando se combina con la terapia profesional.

La meditación mindfulness se puede practicar de varias maneras. Pero, no importa la técnica que utilices en la práctica de la atención plena, el objetivo del ejercicio es lograr un estado de conciencia, alerta y relajación enfocada.

Para participar en la meditación consciente, estos son los pasos que puede seguir

- Obtenga un lugar tranquilo, cómodo y silencioso para la práctica. Puede usar una silla o sentarse en el suelo. Dondequiera que decida sentarse, asegúrese de sentarse en posición vertical con la espalda recta pero no rígida.

- Despeja tu mente de todos los pensamientos del pasado o del futuro mientras te sumerges completamente en el presente. Permanezcan castigados en el presente.

- Atrae tu conciencia al aumento y la caída de la respiración, observando la sensación que el aire que entra y sale produce en tu cuerpo mientras respiras. Concéntrese en el aumento y la caída del vientre y en el aire de entrada y salida en las fosas nasales y la boca. Preste atención al cambio de ritmo mientras inhala y exhala.

- Tome conciencia de sus pensamientos a medida que van y vienen. No juzgues lo que pensara que es, ya sea miedo, preocupación, frustración, ansiedad, o algo así. Sólo observa como los pensamientos flotan en tu mente. Tenga en cuenta que no debe tratar de suprimir los pensamientos o ignorarlos. Simplemente toma nota mental de ellos mientras te enfocas en tu respiración.

- Si te das cuenta de que te dejas llevar por los pensamientos, no te juzgues a ti mismo. Simplemente devuelva su mente a su respiración después de tomar nota de los pensamientos. No seas duro contigo mismo.

- Una vez que estés cerca del final de tu sesión de meditación, mantente sentado durante uno o dos minutos y poco a poco te das cuenta de tu entorno inmediato. Aprecie los alrededores por un tiempo y luego lentamente levántate.

- Sigue tu día con tu mente en reposo.

En la práctica de la meditación consciente, también puede incorporarlo a otras actividades como hacer los platos, conducir, hacer ejercicio, o incluso cepillarse los dientes. La atención plena se practica mejor justo antes de irte a dormir o cuando te despiertas.

Capítulo 8

Manejo de la Ira con Inteligencia Emocional

En los últimos años, la inteligencia emocional se ha convertido en una tendencia muy popular como a la mayoría de la gente le gusta llamarla. Sin embargo, la inteligencia emocional no es una tendencia. Es real, y es algo que va a estar alrededor mientras existan los seres humanos.

La inteligencia emocional es una parte de ti, no un factor externo ni nada. Para usar la inteligencia emocional para manejar y hacer frente a tu ira, todo lo que necesitas hacer es perfeccionar y desarrollar las habilidades de inteligencia emocional que ya son inherentes a ti.

La definición de inteligencia emocional es realmente muy simple. Es sólo la capacidad de reconocer, identificar y entender las emociones. También implica la capacidad de utilizar su comprensión de sus emociones para guiar sus acciones, lo que significa que puede usarlo para hacer frente eficazmente a la ira.

Sin embargo, la inteligencia emocional no se trata sólo de entender tus propias emociones. También implica ser capaz de reconocer y entender las emociones de otras personas. Esto le permite saber qué decir y cómo reaccionar ante ellos en ciertas situaciones.

Una vez que agudizas tus habilidades de inteligencia emocional, se hace posible entender el contexto de cualquier situación en la que te encuentres. A veces, reaccionamos airadamente en ciertas situaciones porque en realidad no entendemos la situación.

Por ejemplo, si usted es testigo de que alguien es atacado, y usted percibe que la injusticia está sucediendo en esa situación, es posible que desee reaccionar con enojo. Pero, la cosa es que la situación tiene su propio trasfondo y contexto, que usted no sabe.

Cuando reconoces este hecho, aprendes a nunca saltar a algunas situaciones sin entender completamente el contexto y la historia detrás de la situación, y esto te impide enojarte sin una razón justificada. Eso es exactamente lo que obtienes al convertirte en una persona emocionalmente inteligente.

Me gusta decir que la inteligencia emocional es la capacidad de enojarse por la razón correcta, en la persona correcta, en el contexto correcto, en el grado correcto, en el momento adecuado y de la manera correcta. Esto realmente resume de qué se trata realmente la inteligencia emocional.

Otra cosa acerca de la inteligencia emocional es que implica la capacidad de canalizar sus emociones utilizando la avenida correcta, que es una sana y asertiva.

Permítanme darles un ejemplo. Si salen a pasar tiempo con tu novia y en lugar de tener un buen día, ambos se meten en una discusión. Frustrado, dejas el lugar y regresas a casa.

Al llegar a casa, conoces a tu hermana menor con tu iPad, que le has advertido que no vuelva a operar en tu ausencia. Enfadado, le gritas y le preguntas qué está haciendo con tu dispositivo incluso después de que le dijiste que no se acercara más.

En este caso, la razón de su ira parece el iPad que su hermana operó sin su permiso. Pero, en lo más profundo de ti mismo, ¿es realmente la ira para ti mismo? Por supuesto, puede parecer la razón obvia, pero sabes que la razón real es el argumento que tuviste con tu novia.

La sensación de frustración que arrastraste por el desacuerdo con tu novia es lo que estás dejando salir al desahogarte con tu hermana. Por lo tanto, usted está canalizando su ira en el momento equivocado, a través de los medios equivocados.

Suponiendo que fueras emocionalmente inteligente, habrías aprendido a desahogar tu ira contra tu hermana porque ella realmente no es la causa de tu ira. Si pensaras en la situación de una manera emocionalmente inteligente, también serías capaz de entender que tu hermana no operaba tu iPad porque quería hacerte enojar. Todo lo que quería hacer era jugar.

Cuanto mejor sea el uso de la inteligencia emocional para entender por qué las personas hacen ciertas cosas o dicen ciertas cosas, mejor se obtiene en el manejo de su ira con éxito.

Mirando ese ejemplo de nuevo como una persona emocionalmente inteligente. Al llegar a casa para ver a tu hermana con el iPad y te molestas naturalmente, lo primero que harías es entender que la molestia viene de un lugar de frustración que fue causado por el argumento que tuviste.

Inmediatamente reconoces el simple hecho de que tu ira es el resultado de ese argumento, también entiendes que tu hermana no tiene culpa porque es una niña, y los niños obviamente serán niños.

La falta de inteligencia emocional puede afectar muchas cosas. Se mete con tu capacidad para manejar tus emociones porque ni siquiera conoces estas emociones. No puedes regular tus emociones si ni siquiera sabes cuál es esa emoción.

Usando inteligencia emocional, siempre puedes decir la emoción primaria debajo de tu ira cada vez que sientes que te enojas.

Desarrollar tu inteligencia emocional te abre la mente para que siempre puedas tener una visión equilibrada de cualquier situación. Como persona emocionalmente inteligente, aprendes a pensar las cosas antes de actuar.

Las personas emocionalmente inteligentes nunca hacen algo sin pensar primero en las consecuencias. Entonces, ¿cómo reaccionan exactamente las personas emocionalmente inteligentes en una situación acalorada que está alimentando la ira? Se van.

Parece muy fácil de hacer cuando se piensa en ello en su mente, pero esto es una cosa que es realmente difícil de hacer cuando se encuentra en una situación incómoda. Al igual que es difícil dejar una relación cuando amas tanto a tu pareja, también es difícil ser la persona más grande y dejar una situación cuando te está empujando a la ira.

Sin embargo, para agudizar tu inteligencia emocional, practica dejar cualquier situación que sea desencadenante y volátil. Cuanto más practiques haciendo esto, mejor te irás dejando la siguiente situación.

Siempre deja una situación que te está enojando para evitar decir o hacer algo de lo que puedas arrepentirte. Me lo agradecerás más tarde por este consejo.

Después de salir, tómese algunos momentos para hacer un ejercicio de respiración profunda rápida con el fin de que sus emociones vuelvan a la normalidad.

Estas son tres habilidades que necesita desarrollar para llegar a ser emocionalmente inteligente;

- La capacidad de reconocer sus emociones (conciencia emocional)

- La capacidad de canalizar estas emociones en algo productivo

- La capacidad de reconocer, influir, manejar y regular las emociones de los demás.

¡Una vez que trabajas en el desarrollo de las tres habilidades, el manejo de la ira se vuelve tan fácil como el pastel!

Capítulo 9

Terapia Cognitiva Conductual

Quiero creer que has oído hablar de la terapia cognitivo-conductual varias veces. Digo esto porque es otro concepto reciente en la cultura de la psicología pop. Hoy en día, la terapia cognitivo-conductual se ha convertido en la terapia de referencia para una serie de condiciones de salud mental.

La terapia cognitivo-conductual es una forma de psicoterapia parlante que sigue un procedimiento meditado, estructurado y orientado para ayudar a los pacientes a lidiar con trastornos y problemas de salud mental.

Fue formulado sobre la base de varias investigaciones, teorías y técnicas que han sido probadas por la ciencia para funcionar.

Se basa en teorías cognitivas y conductuales que especifican pensamientos como la catarsis de las emociones y los comportamientos negativos. El objetivo de la terapia cognitivo-conductual es ayudarte a aprender a reemplazar tus emociones y comportamientos negativos cambiando tus pensamientos de positivos a emociones.

La TCC, como se le hace referencia en breve, es un tratamiento muy eficaz para los trastornos y problemas de la ira debido a las técnicas y métodos que combina. Por lo general, la TCC para el manejo de la ira incluye una serie de procedimientos como; entrenamiento de mindfulness, reestructuración cognitiva, entrenamiento de regulación de emociones, entrenamiento de tolerancia a la angustia, y desarrollo de habilidades de asertividad.

La terapia cognitivo-conductual funciona cambiando la forma en que una persona piensa. Te entrena para deshacerte de las creencias negativas y autodestructivas para que puedas aprender a resolver tus problemas por tu cuenta.

También cambia la forma en que piensa y reacciona a ciertas situaciones, desencadenadores e instancias. Le ayuda a deshacerse de los sentimientos de estrés, ansiedad y depresión. Por lo tanto, te hace sentir menos temeroso, lo que a su vez disminuye la frecuencia con la que te sientes enojado.

Otra cosa que hace la TCC es cambiar la forma en que actúas, reaccionas y te comportas en situaciones donde tus sentimientos se han despertado. Con la TCC, una persona puede aprender a tener arrebatos menos enojados, comer menos o salir menos. En resumen, te ayuda a cambiar esos comportamientos que no te gustan en ti mismo.

Curiosamente, CBT también funciona para problemas físicos, al igual que funciona para los mentales y emocionales. La terapia puede ayudarte si quieres deshacerte del dolor de espalda, dolor o cualquier otra cosa, causando molestias en el cuerpo. Esto explica por qué se utiliza en el tratamiento del trastorno obsesivo compulsivo.

En la TCC, el terapeuta se centra en la situación actual en lugar de tratar de entender el pasado. Esta es una de las razones por las que es diferente de otras terapias tradicionales. El terapeuta ofrece técnicas que se centran en tu percepción de la vida, las creencias y los comportamientos que exhibes.

Al hacer esto, él o ella intenta resolver sus problemas de ira conductual reemplazando las creencias existentes por otras nuevas. Por ejemplo, si usted tiene la mentalidad de que luchar en una relación es normal y necesario, CBT cambiaría esta creencia y la reemplazaría con una nueva que diga que no es saludable luchar en sus relaciones todo el tiempo.

Los estudios que se han realizado sobre cómo manejar la ira con terapia cognitivo-conductual tienen una serie de presentaciones sobre cómo usar la TCC para hacer frente a la ira. Según estos estudios, la ira se vuelve más fuerte y más poderosa cada vez que le permites tomar el control de tus pensamientos y acciones.

Por lo tanto, debes evitar que la ira se vuelva más poderosa al tomar el control de tus pensamientos y acciones de ella. Pero ¿cómo se hace esto? Lo único que debes hacer es aprender a mantener tus reacciones en equilibrio con los desencadenantes de la ira. Nunca soples tus reacciones desproporcionadas porque esto no es razonable.

¿Qué esperar en la terapia de TCC?

Las técnicas de terapia cognitiva y conductual combinan una serie de ejercicios y preguntas para ayudarte a asimilar completamente los desencadenantes, que alimentan la intensidad de tu ira. Cuando dominas estos desencadenantes, aprendes a reaccionar a ellos de manera constructiva y saludable.

Cuando haces esto, tu terapeuta te enseña una serie de técnicas con las que experimentar para descubrir la solución a tu problema de ira.

La terapia de TCC suele ser breve, corta y enfocada, por lo que puedes lograr mucho en poco tiempo. Esta es una de las razones por las que es altamente eficaz y preferido sobre otras psicoterapias tradicionales.

Una sesión de terapia puede durar hasta 50 minutos con una serie de sesiones semanales o quincenales. En total, la terapia estará entre el rango de 4 y 20 semanas, dependiendo de lo que usted esté de acuerdo con su terapeuta.

A medida que avanzas en la terapia, puedes desarrollar tu capacidad para manejar la ira con ejercicios nuevos y más productivos. Al final de una buena terapia de tCC de ira, habría aprendido a comunicar sus necesidades sin recurrir a la ira con firmeza.

Aquí hay un fragmento de cómo utilizar las técnicas de TCC para manejar la ira;

Primero, aprendes a lidiar con tus sentimientos. En la fisiología de la ira, las respuestas y los sentimientos siempre vienen antes de que puedas pensar claramente en la situación en la que estás.

La ira es automática, así que empieza por lidiar con la automaticidad de esa emoción. Una forma de hacerlo es siempre atraparlo antes de que se te escape. Practica hacerte enojar y luego detente rápidamente justo antes de reaccionar con enojo.

Simplemente piensa en algo que una vez te enojó mucho y luego atrapan a ti mismo antes de enojarte de verdad. Inmediatamente haces esto, usa un ejercicio de relajación para calmarte. La ira es tan poderosa que podrías enojarte con sólo pensar en un evento que una vez te enojó.

Beneficios de la TCC

La TCC comienza ayudándote a identificar la fuente de tu ira y lo que alimenta la intensidad de la ira cada vez que te metes en una situación tensa. Con la TCC, también aprendes a disminuir las abrumadoras respuestas fisiológicas que tu cuerpo da cuando tienes una reacción airada.

También aprendes a reemplazar comportamientos y acciones enojadas con una comunicación clara y asertiva, que en realidad logra resultados mucho mejores. Tus sesiones de terapia también te enseñarían a canalizar tu ira positivamente para beneficiar tus relaciones y bienestar.

Lo más importante es que la TCC le enseñará a expresar la ira de maneras saludables, constructivas y beneficiosas.

Conclusión

La ira puede ser una emoción natural y necesaria, pero nunca debes dejar que te consuma. Esto es exactamente lo que espero que hayas aprendido a lo largo de la duración de este libro.

Manejar tu ira es muy necesario si quieres vivir una vida normal, saludable y satisfactoria con tus relaciones personales y profesionales intactas.

En el libro, te he enseñado por qué la ira es una emoción necesaria y cómo puedes canalizarla productivamente para lograr tus metas. Y lo que es más importante, habías aprendido cómo la ira puede llegar a ser destructiva cuando no canaliza de la manera correcta.

Hablé de por qué la ira no es una emoción mala o buena y cómo tu elección es lo que hace que la ira sea positiva o negativa.

El libro hablaba de las diferentes maneras en que la ira se puede canalizar como una fuerza motivadora para hacer las cosas. También toqué cómo la ira es una emoción secundaria y los diferentes métodos que puedes usar para lidiar con la emoción subyacente debajo de la ira.

En general, le he informado de una estrategia de 10 pasos que es muy eficaz para el manejo de la ira y cómo se puede incorporar a su vida con el fin de empezar a expresar la ira de manera más constructiva y saludable.

Como prometí, este libro te ha mostrado las mejores y más efectivas técnicas de relajación para trabajar en la ira y manejar tus emociones tanto a corto como a largo plazo.

También aprendiste sobre la terapia de manejo de la ira, la TCC y las habilidades de inteligencia emocional, todas las cuales se pueden utilizar en tu búsqueda para convertirte en el amo de tus emociones y empezar a vivir la mejor vida posible.

Estoy seguro de que has aprendido más que suficiente en este libro para que comiences el viaje a una vida libre de ira. Como extra, este libro también te ayudará a vencer el estrés y la ansiedad si has estado lidiando con ellos.

Una cosa que quiero que te lleves de este libro es que la ira es una emoción normal y saludable, que nunca debes ignorar, suprimir o expresar destructivamente. Siempre encuentre maneras de expresar su ira de las maneras más saludables y expresivas posibles.

www.ingramcontent.com/pod-product-compliance
Lightning Source LLC
Chambersburg PA
CBHW070108120526
44588CB00032B/1380